WO DE YUETU LEYUAN

我的悦图乐园

陈彭凤　李　蕾　范锦飘◎著

安徽师范大学出版社
ANHUI NORMAL UNIVERSITY PRESS
·芜湖·

图书在版编目（CIP）数据

我的悦图乐园 / 陈彭凤，李蕾，范锦飘著. — 芜湖：安徽师范大学出版社，2023.10
ISBN 978-7-5676-6384-8

Ⅰ.①我… Ⅱ.①陈… ②李… ③范… Ⅲ.①阅读课—教学研究—小学 Ⅳ.①G623.232

中国国家版本馆 CIP 数据核字（2023）第 204423 号

我的悦图乐园

陈彭凤　李　蕾　范锦飘◎著

WO DE YUETU LEYUAN

责任编辑：潘　安　　　　　　责任校对：翟自成
装帧设计：张德宝　　　　　　责任印制：桑国磊
出版发行：安徽师范大学出版社
　　　　　芜湖市北京中路2号安徽师范大学赭山校区　　　邮政编码：241000
网　　　址：http://www.ahnupress.com/
发 行 部：0553-3883578　　　5910327　　　5910310（传真）
印　　　刷：苏州市古得堡数码印刷有限公司
版　　　次：2023年10月第1版
印　　　次：2023年10月第1次印刷
规　　　格：700 mm × 1000 mm　　1/16
印　　　张：12
字　　　数：184千字
书　　　号：ISBN 978-7-5676-6384-8
定　　　价：49.00元

目　录

第一章

绪　论

第一节　研究背景与相关概念

一、儿童绘本流行的时代背景："读图时代"的到来

原始绘画艺术诞生于人类认识自我、探索人与自然关系的时代。从原始岩画艺术到现代绘本艺术，已有上万年的历史。虽然文字的表达已经发展到非常好的地步了，但作为一门具有先天亲和力的绘画艺术，绘本在当今读图时代的意义似乎有着文字无法达到的独特效果。因此，图画书在这个视觉时代尤其流行。

从 20 世纪中叶起，视觉文化符号逐渐成为我们生活中最为重要的一个部分。五颜六色的视觉影像铺天盖地、无孔不入地覆盖了我们的生活、文化。在形象或影像日益成为我们文化的主导地位的今天，一种新的文化形态业已出现。有人形象地称之为"读图时代"。巴拉杰在《视觉与人类》中指出，人类文化经历了视觉文化、读写文化、视觉文化这样一个螺旋式的发展过程[①]。

"看图"正在改变我们的生活方式。从衣着和装饰到家居和旅行，我们通过阅读图片获得生活中的信息。我们都在适应和改变"看图"，"看图"会影响我们的思维方式。

"阅读文本"训练我们的抽象思维。现在，"读图"训练我们的形象思维和直觉思维。图像直接作用于我们的视觉，消除了单词理解的间接性。如今，人们更加关注与图片密切相关的精神体验。这种体验变得越来越重要，已经

[①] 转引自：张永清.视觉文化时代的文学策略[J].求是学刊,2005(3):96.

渗透到我们休闲、娱乐和文化生活等方面，这与我们社会快节奏的生活方式相适应。画面直接再现人类社会和自然，从而突破抽象逻辑的局限，弥补理性思维的不足，激发读者的审美愉悦。

从一定意义上说，我们每个人都有读图的爱好。图画的形象性和整体性更符合儿童的阅读和认知模式。因此，图画书在当今"读图时代"空前涌现有其必然性。

二、绘本及其相关概念

（一）绘本

直到21世纪，有关专家学者才对绘本的概念进行了界定，总体来说共分为两类。

一类学者认为，绘本主要就是一种文字与图画的结合体，更加看重图画与文字的相互作用。学者 Cardo Scot 提出，绘本是将文字和生动的图画结合起来而将故事情节更好地传递给读者的图书，书中每一张图片都在生动描绘故事情节，正是这样的结合使得故事更加完整、更加有趣。Perry Norman 将绘本看作是一本将一系列连贯的图画与简短的描述性文字结合起来而传达信息或讲故事的书。松居直作为著名的儿童作家，在自己的作品《我的绘本论》中对绘本进行了详细的描述，指出绘本不仅仅是图片加上文字，它更应该是图片和文字的相互结合，相辅相成，互相补充。松居直用以下公式来描述图画书与一般儿童读物的区别：

文+图=带插图的书

文×图=图画书[①]

---

① 参见:张苏梅.乘绘本列车 赏阅读风光[J].读与写(教育教学刊),2016(8):278.

　　加拿大著名儿童文学评论家佩里·诺德曼在《儿童文学的乐趣》中说："一本图画书至少包含三个故事：文字讲的故事，图画暗示的故事，以及两者结合后所产生的故事。"王泉根在研究中也认为绘本更看重的是图画和文字之间相互作用。

　　另一类学者则认为，在绘本中，图画的作用更大，而绘本中简短的文字只是配合图画来讲述故事情节，是用来辅助图画的。彭懿认为，将图和文字结合起来讲述故事，在这种方式里，主线贯穿其中，并且数十个页面会在读者脑海里留下一个个可视的视觉形象，从而构思一个生动的故事。这里图画的作用不再是文本的补充，反而跟传统的图书相反，图画作为表达故事的主要材料，文字充当辅助工具。

　　通俗地理解，绘本其实就是图画书，为了避免与图书混淆，后来才习惯使用"绘本"这个术语。绘本指以绘画为主，兼附有少量文字的书。现在图书市场上的绘本以低幼儿童阅读为主，内容涉及文学、教育、科普知识等。绘本作为一种综合性艺术形式，它源自作者的直觉，凭借作者心灵的力量对事物进行整体性的把握。绘本本身是一个不断发展的过程，它多姿多彩，博大精深，用一个固定的、有局限的概念去阐释不断发展变化的绘本创作及其发展过程，很难。

　　尽管如此，我们还是将绘本定义如下：以儿童为主要阅读对象，用文字和图画相结合的艺术形式，表现故事情节或传递信息内容，具有一定的文学价值、审美情趣和艺术魅力的一类儿童文学作品。

（二）绘本教学

1.绘本教学的概念

　　绘本教学是在教学中加入绘本这个载体，借助绘本来促进学生多方面素质的提高。教师可以运用各种技巧，对绘本的形象进行讲解，让学生主动参与听故事和说故事。

　　纵观我国近十年的绘本教学情况，绘本教学主要集中在幼儿园阶段和小学低年级。在幼儿园里，教师常常以讲故事的形式把绘本呈现给学生；在小学低年级，绘本教学在语文、英语、数学、科学等不同学科都存在。

2.绘本阅读与语文学科的关联

将绘本运用到语文学科，可以与阅读教学、写话教学等融为一体，发挥绘本的应有价值。

（1）绘本阅读与阅读教学

在语文课程标准中，第一学段要求学生阅读浅近的童话、寓言，向往美好的情境，关心自然和生命，对感兴趣的人物和事件有自己的感受和想法，并乐于与人交流。绘本图文并茂、活泼有趣，正符合小学生的形象性思维特征，是开展课外阅读教学的最佳方式。

在绘本阅读教学中，绘本这一形式给课堂提供了愉悦的氛围，会为教师实现教学目标打下良好的基础。而且与连环画等相比，绘本更能激发学生的思维模式。绘本凝聚了作者的智慧，有深刻的思想内涵，因此在小学中高年级同样可以进行绘本教学。小学中高年级绘本教学的开展，需要教师有一定的儿童文学素养，能够从绘本中找出切合学生身心发展规律的价值意义。

（2）绘本阅读与写话教学

围绕绘本开展的创作主要集中在写话方面。义务教育语文课程标准中，对1—2年级的写话要求是：对写话有兴趣，留心周围事物，写自己想说的话，写想象中的事物；在写作中乐于运用阅读和生活中学到的词语。小学生初步开始写话训练时，往往感到枯燥无聊，因此需要调动他们写话的兴趣，激发他们创作的欲望，这样才会高效。绘本是用图画和文字共同叙述故事的形式，不仅在文字上，更是在图画上，留下了许多"留白"，能激发阅读者的想象力。这与课标对学生的写话要求是一致的。

将绘本阅读引进写话教学，使学生拥有广阔的想象空间和画面空间，使学生有想表达的欲望、有话写。另外，小学生的写话训练需要有一定的模仿对象，绘本中的句子结构有模仿的价值，给学生的写话训练提供了便利。

（三）图画语言

图画语言涉及视觉文化和视觉语言。

视觉文化指文化脱离了以语言为中心的理性主义形态，日益转向以形象为中心（特别是以影像为中心）的感性主义形态。视觉文化传播时代的来临，不但标志着一种文化形态的转变和形成，也标志着一种新的传播理念的拓展和形成，更意味着人类思维方式的一种转换。

视觉语言指由视觉基本元素和设计传达原则两部分构成的一套有意味的规范或符号系统。视觉基本元素包括线条、形状、明暗、色彩、质感、空间等，它们是构成一件视觉艺术作品的基础要素。设计传达原则包括对称与均衡、节奏与变化、对比与统一等形式法则，它们是艺术家用来组织和运用基本元素传情达意的基本原则和方法。

这里所指的视觉语言，着重在绘本的造型、颜色、构图、媒材与表现技法、艺术风格方面，因为这些是影响儿童艺术认知的主要因素。

第二节　现代意义儿童绘本的发展历程

　　现代绘本的产生是欧洲文艺复兴运动、人文主义思潮以及由此产生的新的儿童观的必然结果。著名儿童文学家彭懿在他的经典著作《图画书：阅读与经典》中将儿童绘本的发展分为三个时期，即摇篮期、成长期和全盛期①。

一、摇篮期

　　世界上第一本带插图的儿童书，是1658年出版的、由捷克教育家夸美纽斯创作的《世界图绘》。这本书被认为是欧洲插图儿童书的雏形，对后世影响很大。

　　17—18世纪，欧洲的儿童观发生了很大变化，特别是法国思想家卢梭的"自然主义"儿童观，具有划时代的意义。卢梭特别强调儿童是人生的特殊发展时期，我们应该尊重儿童，要以儿童为中心，使儿童成为教育的主人。卢梭的思想直接导致了现代意义的儿童文学、儿童绘本的产生。

　　1744年英国的约翰·纽伯瑞创立了世界第一家儿童书店，并出版了内页配有木刻插画的口袋书。1789年英国的诗人兼画家威廉·布雷克完成了一本雕版印刷彩色儿童书《纯真之歌》。

---

① 彭懿.图画书:阅读与经典[M].南昌:二十一世纪出版社,2007:4-6.

二、成长期

到了 19 世纪，图画书的印刷和出版都迈进了一大步。特别是有三位图画书的创作者，对绘本的发展做出了巨大的贡献，他们分别是沃尔特·克雷恩、伦道夫·凯迪克和凯特·格林纳威。

伦道夫·凯迪克是英国的图画书作者，他创作的图画书是现代绘本的雏形，他把图画和文字在视觉上融为一体，从根本上构筑了绘本的根基，对后世的绘本创作影响巨大。后来，美国专门设立了"凯迪克奖"。

英国女插画家凯特·格林纳威创作的图画书为儿童创造了一个充满想象的、唯美的世界。她重点是描绘儿童天真的世界，描绘他们无忧无虑的生活，绘本清新亮丽、风格优雅。为了纪念她，英国图书馆协会特别设立了凯特·格林纳威奖，这是英国儿童图画书的最高荣誉。

三、全盛期

到了 20 世纪，随着杜威"儿童中心论"的提出，以儿童为中心的教学成了西方现代儿童观的基础。1902 年，出版了英国作者彼特里克斯·波特的《小兔子彼得的故事》。这是世界上公认的图文结合得最出色的第一本图画书，开创了儿童文学的新纪元，从此图画书出现了前所未有的盛况。彼特里克斯·波特也因此被认为是"现代图画书之母"。

美国的图书馆系统非常发达，公共图书馆为儿童提供了大量的适合儿童阅读和认知模式的图书。每个儿童可以定期去公共图书馆借书，很多图画书就是由众多的作者和插画家提供的，大大刺激了儿童插画的创作环境。1922 年，美国图书馆儿童服务学会为纪念"儿童文学之父"约翰·纽伯瑞而设立了纽伯瑞文学奖，奖项分为金奖和银奖，每年颁发一次，授奖给前一年出版的优秀儿童文学作品。婉达·盖格自写自绘的《万只猫》1928 年出版，1929

年获得此奖之银奖，被誉为美国第一本"真正的绘本"，拉开了"绘本黄金期"的序幕。

　　20世纪下半叶，世界迈进了"读图时代"，并且随着网络的普及，儿童绘本的创作、出版都急速升温，绘画大师们纷纷将目光投向儿童绘本。

第三节　绘本的功能

绘本不同于其他类型的阅读材料，它有独特的优点。

有人对绘本做了一个预测：未来的一百年里，绘本会变得越来越重要，通过对绘本的阅读，大多数人都能够体验到快乐和幸福。

绘本不同于其他类型的书，它对于学生的作用不仅仅体现在促进学生思维的发展、创造丰富的语言上，还能培养学生的阅读兴趣，提高学生的创造想象力和审美能力。

绘本是由生动的图画和简短的文字组成的，所以通过对绘本的阅读可以增强儿童对周围事物的认知，更好地体验生活。在阅读绘本的过程中，儿童的专注力、审美力、思维创造力及阅读兴趣都有显著的提高，绘本对于儿童的认知能力的培养，情感、态度、价值观的形成，以及心理的健康发展，等等，都能够产生积极的作用，这说明绘本的功能是全面的、多样的。

绘本对于儿童健康人格的发展有一定的促进作用。

关于绘本的功能，我们认为，主要体现在以下七个方面：

一、促进孩子语言的发展

在这个"读图时代"，绘本对儿童语言的发展具有重要的作用。儿童通过绘本学习了故事的内容，再通过绘本中的文字帮助儿童理解，这些图文输入儿童的脑海中，再输出为语言，帮助儿童学习语言、建构语言。

因此，作为教师和家长，可以多引导孩子读绘本故事，可以读给孩子听，再让孩子自己读出来，让孩子多听多想多读，反复地读绘本，就能促进儿童语言的发展。

二、培养学生艺术情操

绘本就是图画书，里面图文并茂，绘本作者通过丰富的想象，用艺术的手法进行创作，将故事用孩子们读得懂的方式告诉他们。

孩子们天天去看这些绘本大家的创作，久而久之，就受到了艺术的熏陶，让儿童在这样的潜移默化中不自觉地受到了美的教育，启迪了孩子的人生，培养了孩子的艺术情操。

三、培养学生读书的兴趣

绘本图文并茂，容易理解，容易阅读，学生比较爱读，从而有更多的学生去读绘本。学生从小读绘本，从小养成热爱阅读的习惯，对他们来说，是一辈子受益的。

当孩子长大以后，你会发现，热爱阅读的孩子的理解力、知识面、视野、想象力、创造力等方面都强。因此，引导儿童读绘本，就是培养孩子阅读的兴趣，从小种下热爱阅读的种子。

四、建立和谐的亲子关系

在孩子还很小的时候，通过亲子间的共读绘本，可以让家长有更多的时间陪伴孩子，让孩子放下手机、电脑、电视，而全身心地投入绘本阅读。

家长与孩子共读，家长读书的声音传入孩子的耳中，将成为他们一生的记忆，永远不会忘记。家长把孩子揽入怀中，轻轻地读绘本给孩子听，这是家长与孩子最亲密的时光，家长和孩子都享受着无限的快乐。这种快乐对建立和谐的亲子关系具有非常大的效果。

五、提高学生的专注力

儿童专注力的培养对孩子未来的成长非常重要，专注力强的孩子，学习能力强。我们通过引导学生读绘本，让儿童沉浸在书本中，去观察图画，去理解绘本故事，让儿童的思维活跃起来、脑筋动起来，这样对培养孩子的专注力是非常有帮助的。

有人研究发现，经常阅读的孩子，专注力比较强；不阅读的孩子，往往坐不住，比较好动，上课不专心。因此，我们可以从小培养学生读绘本的习惯，从而提高他们的专注力。

六、培养学生的语言表达和创造能力

通过阅读绘本，让书中的故事和语言输入儿童的脑海中，久而久之，这些语言就储存在儿童的大脑里，他们会把这个故事讲出来，会把这些语言讲出来，甚至还能对绘本故事进行再创作，续编故事、改编故事等，有的学生还能自己创作绘本故事，还有的学生能把读完故事以后的感受写下来。

通过这些活动，孩子的想象力和创造力被激发出来了，孩子的语言表达和创造能力也得到了提升。

七、拓宽学生的视野

学生的视野决定了他们看待问题和解决问题的角度和思路。一个视野宽阔的人会从多个方面、更广阔的角度去审视问题，得出的结论通常是比较符合事物的发展规律，不会出现大的纰漏。这样的孩子在以后的人生中通常会成为人生的赢家，工作、家庭、爱好都会平衡得很好。

我们可以通过构建"悦图乐园",让学生阅读更多的绘本作品,来打开孩子的阅读视野、打开丰富文化的窗口,让孩子多多感受不同的文化,提高学生的综合素养。

第二章

悦图乐园与主题教育

第一节　悦图乐园与环境教育

大自然的山川湖泊、风雨雷电，四季更迭的景物变幻，是学生早期的必修课。培养孩子认识大自然、热爱生命，是语文课程标准的要求，也是孩子不断成长的需求。

一、环保主题绘本的选择

我们精选了七本环保主题绘本，让学生认真阅读。

《美丽的地球》：

84只企鹅，象征着地球上首批签署协议的84个国家。由于全球变暖，浮冰融化，84只企鹅不得不搬家。他们首先来到某个海洋，水那么脏；他们又来到一片草原，草原已变成了工厂，乌烟瘴气……走遍地球的东西南北，他们竟没有栖息的地方。84只企鹅只好乘热气球来到月亮上，从月亮上看，地球竟是那么美丽……

《树真好》：

如果能成为一棵树，那有多好啊！春天，树木长出许多鲜嫩的叶子，这是旺盛蓬勃的生命力；夏天，风儿吹动树叶，阳光从叶隙间透射出来，那是光影的印迹；秋天，漫山遍野的树叶像精灵一样随风起舞；冬天，树木挡住狂风，保护屋顶，为小动物们提供冬眠的场所。要是能成为一棵树，那可真好！小朋友们，快动手种树吧，很多很多的树在一起，就会变成茂密的森林。

《一片叶子落下来》：

成千上万片叶子中的一片小叶子，出生在莺歌燕舞的春天。夏天，他已经长成了一片宽大结实的大叶子。日子一天天过去，秋天的寒冷突然降临，所有的叶子冻得变了颜色，哆哆嗦嗦地脱离了树妈妈的怀抱，投入大地妈妈的怀里。冬天里的第一场雪，静静地躺在白雪覆盖的棉被里，舒舒服服正好睡觉。等到第二年春天，他们又看到大树妈妈长出了新的叶子。

《春神跳舞的森林》：

樱花精灵生病了，小男孩阿地想去寻找治疗樱花精灵的神药。在寻找的路途中，阿地看见了被毁灭后只剩下树桩的森林，遇见了四处流浪的动物们……这糟糕的一切，让小男孩哭了，眼泪不由自主地流了出来，落在樱花精灵的身上。神奇的事情发生了：生了病的樱花精灵恢复了活力。原来阿地的眼泪就是救治樱花精灵的神药。阿地的眼泪是人类对大自然愧疚的眼泪，也是阿地热爱大自然的眼泪。

《再见小树林》：

男孩小绿患有气喘病，他大部分时间都只能待在小阁楼里，望着窗外的小树林发呆。一天早上，一阵挖土机的怪声惊醒了小绿，小树林被摧毁了。小绿的耳边天天响起挖土机的声音，他眼中的绿色没有了，风中没有了清香，杏花雨也不再飘落。小绿望着窗外巨大的黑影，他的心也渐渐被阴影包围起来。突然，小绿看到窗台上的花盆里冒出许多小小的绿芽，在阳光下闪闪发亮，这些绿芽给小绿带来了新的希望。

《拯救地球的孩子们》：

为了应对气候变化引发的一系列环境问题，来自12个不同国家和地区的孩子，以实际行动去保护环境。他们每个人都做出了自己的思考和努力……守护独一无二的地球，保护共同生存的家园，是他们共同的心声和愿望。

《我是环保小卫士》：

从垃圾乱堆、汽车尾气排放、工业污染、烧荒砍伐、纸张浪费五个方面，以讲故事的方式，向孩子们科普垃圾分类、绿色出行、生态工业、森林保护、纸张再使用等低碳环保知识，系统培养儿童环保意识，还分享了一些常见的废物利用小方法。

二、环保主题绘本的教学

在环保主题教育中，我们针对低年级学生在了解自然、爱护生命、保护环境三个方面，选择了《花城》《叶子》《花婆婆》三本绘本开展教育活动。下面是我们针对这三本绘本的教学。

案例一：绘本《花城》教学

我们利用绘本《花城》设计"保护生命"的教育活动，让低年级学生认识到动植物也是有生命的，我们不应该随意捕捉伤害它们，应该爱护环境，保护我们的地球。

一、播放花的图片，激发学生兴趣，引出绘本

师：这是什么呀？

生：好多花。

生：不同颜色的花。

师：小朋友们说得都很对，如果一个城市里都是花，叫什么呢？

生：花城。

师：小朋友们真是聪明，今天老师给你们带来一个绘本，绘本的名字就叫《花城》。

二、讲述绘本，帮助儿童理解故事内容

教师讲述故事：小城里的人们都喜欢花，因此家家户户都种了很多花，还有数不清的蝴蝶……取而代之的是高楼林立，车水马龙。

师：花有什么作用呢？

生：花很香，可以让空气也变得好闻。

生：可以装饰房间，我家房间里就有花。

生：花很漂亮，看着让人心情好。

师：小朋友们说得太棒了。花把小城装饰得很漂亮，还引来了很多蝴蝶，人们每天看到花都很开心。可是最后花都没了，变成了高楼大厦，人们也开心不起来了。为什么会这样呢？

生：因为不让养花了。

生：他们把花拔了，扔进垃圾桶里了。

生：用网把蝴蝶也捉走了。

生：花、树木都没了，盖成了高楼。

师：花草树木还有蝴蝶这些都是有生命的，不能伤害它们。伤害它们的后果是什么呢？

生：小城不漂亮了。

生：人们心情很糟糕。

生：小城的天空变得很黑。

三、播放破坏环境带来的后果相关视频，加强学生的印象

师：看了这些视频，你们的心情开心吗？希望我们的地球变成这样吗？

生：不开心，不想变成这样。

师：花城的小朋友也不希望他们的城市变成这样，于是他们做了很多事，来改变环境。

教师继续讲故事：他们在黑板上、作文中都写上花……小城又变成了原来的花城。

师：小朋友们做了什么事让花城回到以前？

生：他们在作业上、黑板上都画上花。

生：他们在偷偷地养花。

生：他们把关起来的花草树木放出来了。

生：还有蝴蝶也都放出来了。

师：那我们应该怎么保护我们的城市、我们的地球呢？

生：不乱摘花草，也不砍树。

生：多给它们浇水。

生：不伤害小动物。

生：不乱丢垃圾。

四、延伸活动：参观科技馆

五、总结

花草树木、小动物都有生命。要爱护它们。爱护环境，保护地球。

在《花城》活动结束后，学生认识到花草树木、小动物都是有生命的，不应该伤害它们，还意识到地球是我们的家园，要爱护环境，敬畏自然，保护地球。

案例二：绘本《叶子》教学

在户外活动中，学生经常会被周围的花草、树木、昆虫所吸引，会停下脚步进行观察、讨论："这是什么呀？这个叶子好奇怪呀。"为了满足孩子的好奇心，让学生了解自然界的生命，培养学生观察自然、探究自然的意识，我们选择了绘本《叶子》展开教育活动。

在活动开展的过程中，教师通过播放种子、种子发芽、长出叶子、长成大树的图片，引发学生思考"种子是怎么长成大树的，需要什么样的生长条件"，引出绘本《叶子》。

接着教师讲述绘本故事，帮助孩子理解故事内容，即小男孩给种子晒太阳，浇水，修剪，在小男孩的精心照顾下，种子慢慢发芽，长出叶子，变成大树。

然后引导学生观察绿豆、花生、大蒜等种子有什么不同。鼓励学生自己动手种植绿豆、花生、大蒜，放在植物角，适时给它们浇水、晒太阳，观察记录它们的变化。

在《叶子》活动结束后，学生知道大树是由一颗种子慢慢发芽、长叶子、最后变成大树的，大树的成长离不开充足的阳光和水。在教师的引导下，学生在植物角种了花生、绿豆和大蒜。大蒜有用土栽的，还有用水培的。学生每天都会来到植物角，或浇水松土，或观察种子什么时候发芽；还会在饲养角观察乌龟，给乌龟换水喂食。每天植物角和饲养角都有很多小朋友围观，兴趣特别高。

案例三：绘本《花婆婆》教学

学生在就餐时间，有时会把食物搞得到处都是，浪费食物；洗手的时候让水一直流着，离开也不关水龙头；还乱丢垃圾。针对这些问题，我们选择了绘本《花婆婆》展开教育活动，培养学生保护环境、节约资源的意识。

在活动开展过程中，教师先通过谈话的形式，引发学生思考"如何让我们生活的世界变得更美好"，引出绘本《花婆婆》。接着教师讲述绘本故事，帮助学生理解绘本内容，即花婆婆要做一件让世界变得更美丽的事，于是她在乡间小路上、山坡上撒播鲁冰花的种子，到了第二年春天，这些种子都发芽、长大、开花了，特别美丽。然后引发学生讨论："除了种花让世界变得更美丽以外，还有什么办法可以让我们周围的环境、让我们生活的城市，变得更美丽呢？"引导学生说出不乱丢垃圾、节约资源等办法。最后进行垃圾分类游戏，在游戏中强化保护环境的意识。

　　在《花婆婆》教育活动结束后，学生明白可以做很多事情，让我们的城市、世界、地球变得更美丽，比如节约用水、不浪费食物、进行垃圾分类等。活动进行之后，经常在班上听到学生说："老师，我们要给垃圾进行分类。""我们要珍惜水资源。"热爱自然，节约资源，保护环境，让我们生活的世界变得更美丽的种子，在学生的心里悄悄发芽。

第二节　悦图乐园与习惯养成教育

叶圣陶先生说："教育就是习惯的培养，习惯决定品质，品质则决定命运。"拥有良好的行为习惯，是任何一个社会成员所必需的。孩子在成长过程中，会逐渐形成一些生活习惯与行为，其好行为、好习惯可以通过阅读相应的故事获得引导。因此，在平常的教育教学中，我们可以通过绘本的教学来开展习惯养成的教育。

一、习惯养成主题绘本的选择

我们精选了五本习惯养成主题绘本，让学生认真阅读。

《根本就不脏嘛》：

有一个小女孩觉得洗手很费劲、很无聊，认为只有在很脏的时候才需要洗，以至于她手上有很多细菌以各种各样的形态存在，有的在沙滩上晒太阳，有的在野餐，有的在踢球，有的在开车，有的在滑雪，有的在读报……可是，小女孩还是觉得好烦，经常说："还是下次吧！下次我一定会好好洗手的！"

《我绝对绝对不吃番茄》：

小女孩萝拉是一个爱挑食的孩子，很多食物她都不爱吃，尤其不吃番茄。萝拉的哥哥查理有应对挑食的小妙招，他既不大声斥责萝拉，也不命令强迫她，更没有一味说教，而是以最"顺从"的方式、最温柔的语气、最新奇的说法说出萝拉心里的想法。在哥哥的努力下，萝拉将排斥吃番茄转化成了无穷的想象，改掉了挑食的毛病。

《小熊不刷牙》：

有一只小熊，他不喜欢刷牙，总是敷衍妈妈，还认为今天不刷牙可以推到明天一起刷。直到有一天，小熊梦见自己的牙齿全掉了，刚开始他很高兴，到处向其他小动物炫耀自己不用刷牙了。可是，他同时发现没有牙齿，就没办法吃美味的食物，他还被嘲笑是没有牙齿的熊，他特别后悔自己没有好好刷牙。在梦里，小熊意识到了错误，保证从此好好刷牙；梦醒后，小熊的牙还在，他每天都把牙齿刷得干干净净。

《不睡觉世界冠军》：

有一个小女孩，得先把自己的小伙伴桃猪、霹雳鼠、豆豆蛙哄睡着了，自己才能睡觉。可是她的小伙伴们都很精神，一点都不想睡觉。聪明的小女孩便想出许多不一样的办法：她把枕头变成了晃来晃去的船，把鞋盒子变成了一列奔驰的小火车，把玩具盒子变成了飘飘摇摇的热气球。最终，小伙伴们都睡着了，小女孩却还没睡。谁才是不睡觉冠军呢？

《你别想让河马走开》：

在一片丛林里，有一条小河，河上有一座小桥。有一天，一只体形庞大的河马躺在了桥上，挡住了大家的通道。小动物们要到河对面去，可该怎样才能移开这只懒洋洋的河马呢？动物们都开始想办法：森林之王狮子命令河马走开，河马才不听；机灵的猴子用力推河马，可怎么都推不动他；浑身钢毛的疣猪让所有小动物抬走河马，可河马还是纹丝不动。正在大家愁眉苦脸时，一只小老鼠在河马耳边说了一句悄悄话，河马便立刻清醒而走了。小朋友们，你们猜猜，小老鼠对河马说了什么呢？

二、习惯养成主题绘本的教学

在习惯养成主题教育中，我们针对低年级学生在文明礼貌、饮食两个方面，选择了《你别想让河马走开》《恐龙怎样吃东西》两本绘本进行教育活动。

下面是我们针对这两本绘本的教学。

案例一：绘本《你别想让河马走开》教学

这是一本有关文明礼貌养成教育的绘本，我们可以利用该绘本开展文明礼貌习惯养成的教育。

1.同学们，老师今天带来了一个谜语，看看你们能不能猜出来。如果谁能又快又好地猜出来，谁就是今天的小能手。

谜语：叫马不是马，有张大嘴巴；经常在水里，样子挺可怕。（河马）

2.老师有表情地讲述故事。

3.老师根据故事内容提问：一共有多少只动物想要河马走开？他们都是谁？他们为什么要让河马走开？分别说了什么呢？

4.师生共读绘本，一起复述故事内容。

5.小组讨论：前面三只动物都想让河马走开，可不管他们怎么说，河马都不走开，这是为什么呢？一只小老鼠却有办法让河马走开，这又是为什么？

6.平时如果你也遇到类似的问题，你会怎么办？

例如：

看到别的小朋友在玩玩具，你也想玩，怎么办？

来到学校见到同学和老师，应该怎么说？怎样打招呼？

自己不小心撞到别人，应该怎么跟别人说？

7.小结：这个绘本故事告诉同学们，在我们与别人的交往中，要有礼貌，友善地对待别人，没有礼貌就会没有人理你、没有朋友。

我们要学会一些礼貌用语，比如"您好、请、谢谢、对不起、没关系"等。在人与人交往的时候，就可以用上这些礼貌用语，做一个讲文明、有礼貌的好学生，这样更受到别人的尊重。

案例二：绘本《恐龙怎样吃东西》教学

借助这个绘本的教学，引导学生注意就餐礼仪，懂得节约粮食、爱惜粮食。

有些同学进餐时喜欢大声讲话；有些同学不喜欢吃某样菜就不肯吃饭，被旁边同学告状；有些同学就餐时喜欢边吃边和旁边同学聊天；有些同学就餐时手不端住餐盘，脚搭在餐桌的支柱上搁得老高……根据学生就餐时出现的种种现象，借助《恐龙怎样吃东西》一书来帮助学生建立良好的就餐礼仪。

首先，老师借助实物投影，翻阅《恐龙怎样吃东西》一书的文本，结合图画内容，开始有声有色地讲述故事内容。

整本图画书讲述完毕后，教师带领学生进行故事内容的简单回顾，聚焦重点话题结合自身平时的做法进行习惯养成的重点探讨：

①进入食堂，我们应该怎么做？

②取餐后就餐时，我们该做到哪些方面？

在学生们相互讨论、发表自己见解的时候，老师不急于发表自己的意见，而是尽可能让学生围绕绘本中恐龙的哪些举动是值得我们在生活中学习的话题进行自我表达。

在学生充分表达自己的观点后，出示学校的食堂礼仪要求，一起学习规则：

整队行，安静坐，听指挥，排队等。

端饭盘，慢慢行，勿泼洒，勿碰撞。

食不语，细细嚼，慢慢咽，不挑食。

饭前后，洗洗手，照镜子，人干净。

吃饭后，桌擦净，盘叠好，不浪费。

明确在校就餐我们应该做到并且做好的事项，点明就餐时的礼仪很重要。就餐时不挑食，要节约粮食，不浪费。

最后，教师发《恐龙怎样吃东西》给学生，人手一本，进行自我静默阅读，与"恐龙"一起"怎样吃东西"，感受"恐龙"的好习惯。

古人云："纸上得来终觉浅，绝知此事要躬行。"在绘本《恐龙怎样吃东西》一书的浸润之后，教师及时开展与"文明就餐"相对应的"光盘我能行"活动，看谁不挑食、不浪费，能"光盘"。

"光盘我能行"活动开展之初，要向学生说明要求：在学校就餐时吃多少打多少，可以向打菜阿姨说明自己所需的量；学校的饭菜荤素搭配合理，营养均衡，打菜时每种菜都应打；就餐时，做到把打来的饭菜吃光吃净，不做浪费食物的人，争做"光盘行动"的小主人；如果实在吃不完，请跟"就餐小桌长"说明情况，征得小桌长同意再倒盘。

第三节　悦图乐园与友谊教育

培根说过："如果你把快乐告诉一个朋友，你将得到两个快乐；而如果你把忧愁向一个朋友倾吐，你将被分掉一半忧愁。"友谊对于学生来说，作用突出，既有利于减少学生的孤独感，使其很好地融入校园生活，又有助于学生良好性格的培养。如何找到好朋友，维持彼此之间的友谊，是可以找到方法的。

我们可以利用绘本，引导学生开展友谊主题教育，教会学生友好地与其他小朋友相处，学会重视友谊，学会交往朋友。

一、友谊主题绘本的选择

我们精选了五本友谊主题绘本，让学生认真阅读。

《两个好朋友》：

亚历克斯和露露是最好的朋友，他们有很多共同的爱好：在公园里跑、跳、荡秋千，等等。但是，他们也有很多不同之处：亚历克斯酷爱足球，喜欢冒险，梦想当一名船长；露露只喜欢画画，喜欢安静。问题来了，性格不同、爱好不同的他们如何相处呢？他们能不能维持现存的友谊呢？

《月亮是谁的》：

小巢鼠独自住在一片麦田里，天上的月亮是自己唯一的伙伴。可有一天晚上大风过后，月亮突然不见了。小巢鼠很着急，和鸭子、松鼠、野兔一起找月亮，可谁也没有找到月亮。他们便认为是对方把月亮偷走了，开始相互责怪。后来，雨越下越大，他们手拉着手，互相照顾着一起跑进了山洞，并为刚才的争吵互相道歉。不一会儿，雨停了，乌云散开了，月亮出来了。

《鸭子说"不可以"》：

大白鹅是池塘的管理员，因要远行，便让鸭子代理管理员。鸭子很神气，立了很多有关警告的告示牌：不许蜻蜓飞，不许青蛙跳水，不许翠鸟钓鱼……大家很生气，都离开了池塘，到一块新的地方玩耍。鸭子没有了伙伴，觉得很孤独，并逐渐认识到自己的错误，愿意请小动物们回到池塘生活玩耍，池塘又开始热闹起来。

《利勒比找到一个好朋友》：

利勒比游泳的时候，遇见了一只正在钓鱼的小羊，没料想，鱼没有钓到，钓出来一个装有藏宝图的漂流瓶。利勒比就和小羊结伴而行，经历了一次激动人心的探宝之旅。他们在途中遇到了很多困难，但彼此互相帮助、互相鼓励，终于找到传说中的宝藏。宝藏究竟是什么呢？

《我有友情要出租》：

有一只孤单的大猩猩，不知道怎样和别人交往。为了得到朋友，便想到"出租友情"的点子。这时候，同样缺朋友的小姑娘出现了，他们在一起，每天玩得很开心。突然有一天，大猩猩准备了美味的食物，想和小姑娘一起分享，但小姑娘不见了，大猩猩很想念她。

二、友谊主题绘本的教学

在友谊主题教育中，我们针对低年级学生在找朋友、维持友谊两个方面，选择了《找到一个好朋友》《我有友情要出租》两本绘本进行教育活动。下面是我们针对这两本绘本的教学。

案例一：绘本《找到一个好朋友》教学

这是一本有关友谊的绘本，我们可以利用该绘本开展友谊主题的教育。

1.听一听：

听故事，了解故事的内容。

老师一边播放PPT课件，一边讲述故事。

2.说一说：

（1）听了这个故事，你知道了些什么？

（指名汇报。）

（2）他们的友情是多么可贵啊，在你的身边，有哪些好朋友呢？

（学生讨论，说说身边的好朋友。）

3.动一动：

跟自己的好朋友握手，拥抱一下。

4.画一画：

你的好朋友是什么样子的呢？请用你的画笔把他画下来。

5.写一写：

两个好朋友快快乐乐地生活在一起了，他们之间还会发生什么事情呢？请你写下来。

6.老师小结：

▶ 我的悦图乐园

青蛙弗洛格找到了小熊这个好朋友，拥有友谊真好。我们也应该主动地与别人交往，找到自己的好朋友。找到了好朋友就跟他快乐地在一起玩吧!

案例二：绘本《我有友情要出租》教学

1.唱歌导入。

教师边唱《找朋友》边进教室，学生合唱。然后请学生介绍自己上一年级以来所结交的好朋友，向大家介绍一下你的好朋友，明白朋友之间的感情叫友情。

2.了解封面作者。

3.读图猜想，走进故事。

（1）了解"寂寞"。

仔细观察两图片，比较异同，你有什么发现?（挂在树上的字不一样、大猩猩的表情不一样、身边的东西不一样）猜一猜，大猩猩身上会发生什么样的故事呢?

出示图片，学生观察并了解这是一只＿＿＿＿＿＿＿＿＿＿的大猩猩。

（2）体会"幸福"。

出示咪咪和大猩猩的图片，仔细看一看他们的表情，猜一猜，他们之间是什么关系?

通过观察咪咪和大猩猩之间的游戏，体会他们的友谊在慢慢建立。

理解"巴不得""重重地举起来、轻轻地踩下去"的意思，体会大猩猩在和咪咪相处过程中的美好心情。

（3）感受"不舍"。

观察大猩猩的表情并思考：此时可能发生了什么?（大猩猩啃着饼干，很落寞的样子。）

读图了解原因。大猩猩把什么放家里，又准备带什么?（沙漏、钱袋放家里，只带了饼干。）学生思考大猩猩为什么这样做。

4.训练观察，扩散思维。

（1）读完整个故事，大家会发现谁一直陪在大猩猩的身边呢？（一只小老鼠。）

（2）请你弯下腰，和小老鼠打个招呼吧。（学生模仿小老鼠、老师模仿大猩猩。）

（3）除了小老鼠，还有哪些动物也在大猩猩身边？（犀牛、长颈鹿、狮子、老虎等。）

（4）他们都没有主动和大猩猩交朋友，如果你是他们，你会怎么做？

练习说话：如果我是_____，我会_____。（学生讨论、交流。）

3.延伸主题，想象后续。

通过名人名言和书的尾页，感悟友谊的真谛：朋友是要自己去主动寻找和发现的。

续写故事《大猩猩和他的新朋友》。

6.阅读推荐：《猜猜我有多爱你》《爷爷一定有办法》。

第四节 悦图乐园与亲情教育

亲情培养是孩子社会化和道德发展的初始阶段，亲子之间的互动能促使儿童从小形成健康的人格。无论是父母之爱，还是祖孙之情，都会在潜移默化之中影响着孩子的成长。

一、亲情主题绘本的选择

我们精选了六本亲情主题绘本，让学生认真阅读。

《我爸爸》：

这本书描绘了孩子对爸爸的崇拜，从孩子的角度刻画了一位勇敢、强壮、什么事情都在行、给孩子十足的安全感、特别爱孩子的爸爸形象。

《我妈妈》：

这本书描绘了孩子对妈妈的爱，以孩子的口吻和角度刻画出一位全世界最好的妈妈——上得厅堂下得厨房、全世界最强壮的女人、奇异的园艺师、疏导孩子情绪的仙女、歌手……我爱她，她爱我，永远爱我。

《猜猜我有多爱你》：

小兔子和大兔子进行比赛，猜猜有多爱对方。小兔子以双臂的开合度、身体的长度、跳跃的高度、河流的长度说明自己的爱有多深，可是，不管怎么样，大兔子都似乎比小兔子多一点。到底谁爱对方更多一点呢？

《我依然爱你》：

小女孩从出生时起，奶奶便一直伴随着她，陪着她慢慢长大。可突然小女孩发现奶奶和以前不一样了，经常忘记事情，总是抱着从乡下带来的竹筐一动不动，也不让任何人看。直到有一天，警察叔叔把奶奶送回家，手上戴着黄手环，小女孩发现了被奶奶视为宝贝的竹筐里都是关于自己的东西。原来，奶奶依然爱着她。

《我讨厌妈妈》：

一只小兔子对妈妈各种不满——没帮他洗袜子，乱发脾气，一直催他快点，不准他看动画片，礼拜天赖床不起让他饿肚子……最令小兔子不满的是，妈妈不愿搭理他了！最后小兔子气得想离家出走，但终究还是离不开妈妈的爱。

《逃家小兔》：

一只小兔子想离家出走，为了不让妈妈找到他，先后变成了小溪里的游鱼、高山上的石头、花园里的花朵、空中的小鸟、扬帆远航的小船、马戏团的空中飞人，还变成了一个小男孩。为了寻回小兔子，兔妈妈一再变化，变身钓鱼的渔夫、携带工具的登山者、花园的园丁、鸟儿做窝的大树、吹向船帆的风、穿上演出服走钢索的表演者、坐在椅子上的妈妈，向回家的孩子张开怀抱。

二、亲情主题绘本的教学

在亲情主题教育中，我们针对低年级学生在父母关系这个方面，选择了《我爸爸》这本绘本进行教育活动。下面是我们针对这本绘本的教学。

案例：绘本《我爸爸》教学

一、导入

同学们，今天我们来上一节绘本阅读课。这是一本很有意思的图画书，我们一起走进这本书中，去品味书中那意味深长的文字，好吗？

二、阅读理解绘本

1.阅读封面。

今天，老师带来的绘本是英国作家安东尼·布朗创作的《我爸爸》。瞧，这就是《我爸爸》。是谁正在做着有趣的鬼脸呢？

好，现在我们一起来好好看看安东尼的爸爸。他在干什么呢？你觉得这是一个什么样的爸爸？

（学生谈想法。）

2.指导看图。

提醒孩子们跟着老师一起读绘本，老师带着学生一页一页地读绘本。

读着读着，你觉得"我爸爸"怎么样？

是呀，真厉害！

3.出示下一幅图：

爸爸呢？（变成了马。）请你来给图画配上一句话。（爸爸很胖，所以很能吃。或者：我爸爸吃得像马一样多。）

4.再看：

爸爸像鱼会游泳，游得很快，游泳的时候像鱼一样灵活。

5.再看几幅图。

任意选择一幅，请学生说说：

我爸爸像_____一样_____。

6.看看这几幅画，是不是很有趣呀？

咱们来猜一猜，想想安东尼还会画些什么呢？（学生发挥想象，自由地猜想。）

7.好，带着你的猜想我们接着往下看：

A.有时候，他又很温柔，像我的泰迪熊一样。

B.我爸爸像猫头鹰一样聪明（传说猫头鹰是智慧的化身）。

C.有时也会做点傻事（把头发梳得像扫把）。

8.看了这些，你又想对安东尼的爸爸说些什么？

看，他举着扫帚等着你夸奖他呢！

9.让我们接着往下看。

我爸爸还有哪些时候很棒？（学生汇报。）

10.如果送一句话给爸爸，你会说什么呢？

齐读：这就是我爸爸，他真的很棒！

11.安东尼为什么要这样写他的爸爸呢？

孩子们回答。出示最后的图画。

（老师小结：原来这本绘本书里，藏着爸爸对"我"的爱啊！爸爸所做的一切都是为了"我"，在作者的眼里，爸爸真的很伟大。其实，爸爸爱"我"，"我"也爱爸爸。回家以后，"你"也要向爸爸表达"你"对他的爱哦！）

12.出示句式：

爸爸吃得像马一样多。

爸爸游泳时像鱼一样灵活。

爸爸像大猩猩一样强壮。

爸爸像整天笑眯眯的河马一样快乐。

13.这些话有什么共同的特点？你也能学这样说说你的爸爸吗？

学生练说：我爸爸像_____一样_____。

14.学到这里，想不想也为你爸爸画张像？也能写上一句话？

学生创作。

展示学生的图画。

那为什么要这样画呢？学生回答（要表达对爸爸的爱）。

三、总结

原来爸爸和妈妈一样，也深深地爱着我们，我们都要对爸爸说一句：爸爸，我爱你。

第五节　悦图乐园与成长教育

成长教育是成长过程中一种自我演变的过程，它伴随孩子的一生，不仅包括孩子身体的成长，还包括自我意识的成长。小学阶段尤其是第二学段是学生进行自我成长教育的黄金时段，也是学生积极的人生态度形成的关键时期。家长和老师需要对这一阶段的孩子进行正确的引导，才能为孩子的健康成长打下坚实的基础。成长教育主题选取了一些有关孩子的成长历程以及如何成长为自己梦想的模样的作品，为孩子们的成长助力。

一、成长主题绘本的选择

我们精选了五本成长主题绘本，让学生认真阅读。

《安的种子》：

在寺庙里，老和尚给了小和尚安一颗千年莲花的种子，让安种出莲花。安收下种子后，没有急着去种，而是把种子放进布袋里，挂在胸前。此后，安像往常一样，去集市买东西，照常做功课，扫从寺外到寺内的雪，做斋饭，挑水，带小狗去散步，似乎一切都是原来的样子。冬去春来，安摘下布袋，把种子种在了池塘一角。不久，种子发芽了。在一个盛夏的清晨，古老的千年莲花轻轻地盛开在温暖的阳光下。

《我长大以后》：

每个人都幻想过，自己长大以后会变成什么样子呢？书中的小公主每天也都在思考这个问题。为此，小公主询问了很多人去找寻答案，人们说出了自己的想法，可谁都没让小公主满意。有一天，一位女仆说："活成自己心中的样子，便是最好的成长。"小公主觉得很有道理。

《阿虎开窍了》：

阿虎是一只小老虎，开窍很晚，当别的小动物都能流利开口说话时，他却还不能说出一句完整的话，这让他的爸爸非常担心。后来，阿虎终于开窍了，会读书、会写字、会画画，还可以说出很长很完整的句子。成长就是不要着急，静待花开。

《你很快就会长高》：

小男孩阿力一点都不喜欢自己的小个子，他很不快乐。每个人都对他说："阿力，别着急，你很快就会长高的。"可是，阿力自己等不及了，他现在就想长高。他问身边的所有人：怎样才能快快长高？爸爸、妈妈、姐姐和老师都给出了建议，阿力努力去做，可是没有效果。最后叔叔告诉他："人长得很高，也会有很多烦恼，不要只想着让个子长高，要让内心强大才对。"阿力按照叔叔说的，不再专注自己的身高问题，最后成了一个最快乐的男孩。

《精彩过一生》：

我们时常听大人们讲过去的故事，时间的光阴告诉我们绘本里的爷爷奶奶虽然已经皮肤皱了、头顶秃了，但他们拥有着非常精彩的一生。爷爷奶奶一生从事了各种各样的职业，他们有着丰富多彩的生活和紧张刺激的冒险，即使他们已走向人生的终点，但那些生活的记忆时刻彰显着他们这一生的精彩。人的一生既漫长也短暂，怎样将有限的生命过得精彩很重要。

二、成长主题绘本的教学

在成长主题教育中，我们针对学生在父母关系这个方面，选择了《安的种子》《我长大以后》两本绘本进行教育活动。下面是我们针对这两本绘本的教学。

案例一：绘本《安的种子》教学

一、谈话导入

1.同学们，你知道哪些东西是珍贵的吗？如果你手中有一颗珍贵的种子，你会用它来做什么呢？

2.有这样一本绘本书，它是我们中国原创的优秀绘本，这个绘本故事不仅在国内非常受欢迎，而且深受世界人民的喜爱，让无数人感动、震撼。今天，就让我们走进这个故事《安的种子》。

二、引导看封面，看前环衬，激发阅读兴趣

1.出示封面，齐读书名。

2.出示封面：我们阅读一本书，都是先从封面开始，封面会提供一些线索，吸引我们走进这个故事。

引导学生观察绘本的封面，猜一猜这本绘本可能是关于什么故事的？

老师介绍作者和绘者。

3.出示前环衬，引导孩子看图。

看完了封面，不要急着读故事，先看看前环衬。孩子们，你们看到了什么？……很好。那么，这究竟是谁的脚印呢？让我们一起沿着这两行脚印，"走进去"。

三、教师讲述故事，学生大胆猜测

1.老师边讲故事，边引导学生质疑：为什么安还不种下种子？

2.小组讨论交流：他们三个人中，为什么只有安种出了莲花，而本和静却不可以？在你的心中，你怎么看这三个人？

（1）小组讨论。

（2）汇报交流。

①学生交流本。

教师小结：本是盲目的，不顾万物生长的规律，只是为了追求第一，却不知道：万物皆有时，生有时，长有时，衰有时，亡有时。

②学生交流静。

老师：静对花的表现，让你想到了谁？

教师小结：静的小心翼翼和溺爱违背了莲花种子的生长规律，结果事与愿违。静的故事告诉我们：爱需要阳光和自由。

③重点"走进"安。

他为什么知道莲花要在春天种下呢？引导孩子们观察他去集市为寺院买东西这幅图。

教师小结：是的，本急于求成，静追求表面，唯有安从容淡定，耐心等待！

四、深化主题，大胆表达

1.从安的身上，我们学会了什么？

是的，要像安那样勤劳善良，安守本分，尽职尽责，淡定从容。

瞧，安在种出千年莲花后仍泰然自若，挑水劳动。他又回到普通的生活当中，给了故事一个美好的结局。

2.联系生活，大胆表达：

每一个读这本书的人，都可以从书中看到自己的影子。

生活中你会是本，是静，还是安呢？

假如你也得到了像"千年莲花种子"这样珍贵的东西，你会如何对待呢？

请你联系生活实际谈一谈。

五、推荐阅读，总结

案例二：绘本《我长大以后》教学

一、谈话导入

同学们，你们已经步入一年级了，这说明你们长大了。上一年级，你们都想做什么？（学生回答。）

教师初步介绍绘本《我长大以后》，引导学生观察封面，并说说通过封面看到了什么，引导学生学会观察，培养观察和提取信息的能力。

封面还介绍了出版社：明天出版社。

右上角是：小公主幼儿成长图画书。

现在，同学们猜一猜：小公主长大以后想变成什么样子的？（学生猜测。）

同学们，让我们走进绘本，寻找答案吧！

二、讲故事

教师在讲故事时要贯穿猜测、想象、补白。

看画面，小公主在干什么？（量身高。）她在想什么？学生猜测……

1."长大以后要做什么呢？也许我应该变得不一样。"

（孩子们猜一猜：她想变得怎么不一样呢？）

2."但是，我应该变成什么样呢？"

（她在卫生间，踮起脚照镜子，在想办法啦！）

3.小公主长大以后最好变成什么呢？她分别问了谁？

（妈妈、爸爸、大厨师、大将军、海军司令、首相、医生……）

4.他们分别是怎样回答小公主的问题的？

（指导学生分别汇报。）

5.如果你就是小公主，问了好多的人，现在自己又在想什么问题呢？

（学生可以发挥想象说一说自己的想法。激发学生想象力。）

小公主很认真地听大人的建议。"我的天哪！我要仁慈、有爱心、爱干净、勇敢、很会游泳、聪明和健康。我的手指头都快不够数了。"

6.小公主还可能去问谁呢？可能会听到什么建议呢？

学生想象说话。

三、课堂写绘

1.孩子们听了故事以后，想长大以后变成什么样子呢？

鼓励孩子们大胆地讲述自己长大后的愿望。

小结：每个小朋友都有许多美好的心愿，相信长大后你们都能实现这些愿望，成为一名医生、画家、飞行员……

2.孩子们画一画，长大以后都想变成什么样子。

四、交流展示

请学生上台讲述自己的写绘，教师进行点评，及时给予肯定与鼓励。

"小朋友们，你们真棒，都出色地完成了自己的作品。现在我们就请带着自己的画，上台给大家讲一讲自己的故事，好吗？"

五、教师小结

我们今天认真观察了绘本画面，边读书边猜测，结合生活进行想象，并且动手画一画，又进行了说一说。读了这本《我长大以后》。希望小朋友今后用这一方法读更多的书。

六、布置作业

回家后把这个故事讲给爸爸妈妈听，并把自己画的故事也讲给他们听，还要请他们帮助你写一写，在每一幅图画的旁边用文字简单地写下你的故事。

第三章

悦图乐园与班级管理

第一节 绘本在班级管理中的应用

一、绘本创造出温馨的环境

环境对班级管理是非常重要的，良好的环境能对学生起到潜移默化的作用，让学生在这样的环境中更愉快地学习和生活，受到更好的教育。脏、乱、差的环境，对学生的影响是负面的。因此，在班级管理中，我们要布置好班级的环境，使班级环境更好地发挥育人的功能。

我们的做法是：构建"悦图乐园"，让班级环境中处处有绘本阅读的元素，以绘本阅读的方式，让班级的环境更雅致、更有书香味，从而对孩子的学习和生活起到积极的影响作用。

1.适宜的心理环境

房美秋在关于绘本阅读的讲座中，提倡给孩子创造一个温馨的环境，而这个环境主要是通过绘本阅读和歌曲来创造的。她讲述了她的经历：

她走进一个班级，想要给孩子读绘本。她在选择一个合适的绘本故事后，找一个安静宽敞又便于孩子看见的地方，找到一两个小朋友，用很好听的声音，认真地读起来。房老师并不会直接要求所有的孩子坐到自己身边，但她暖暖的声音，绘本上好听的故事，慢慢地传到孩子们的耳朵，孩子们很快被吸引，一些孩子很快安静下来，不由自主地来到房老师身边，安静地听故事。

这便是所说的为孩子创造适宜的心理环境。孩子听到这么暖暖的没有危险的声音，故事又能让孩子有惺惺相惜的感觉。对一个班级来说也是这样的，绘本展示的是一个美好的或者有趣的故事，孩子们在听的过程中，心理与环境达到了共鸣。特别是孩子刚入一年级的时候，对新的环境不适应，教师讲一些让孩子有安全感的绘本，像《逃家小兔》《汤姆上幼儿园》，孩子听到故事，知道小兔子还是会回到家里，汤姆在学校也是这样的心情，让孩子在陌生的环境也能具有安全感，对学校的环境产生信赖。

2.温馨的班级环境

班级布置对孩子影响也大。孩子刚来上一年级，虽然听绘本故事的时候被老师的声音打动，被绘本里的故事吸引，但老师不可能一整天都在给孩子讲绘本故事，并且绘本故事给孩子带来的移情效果也不可能一直保持。所以，为了让绘本阅读的效果一直延续，在日常的教室环境可以以绘本为主题进行布置，当孩子进入班级的时候，就相当于进入一个绘本故事的世界。对二三年级的孩子来说，绘本故事内容的呈现，让孩子有模仿的对象，还具有时时提醒的作用。

3.培养孩子多方面的能力

如绘本《爷爷一定有办法》讲述的是爷爷为小约瑟改衣服的故事。孩子通过阅读这个故事，能够关注故事发展线索，感受爷爷的聪明才智，同时也激发了自己的想象力，在日常生活中，如果遇到问题，能大胆尝试、想象，动脑筋想办法，找到好的办法。于是，为了让绘本从物质环境上对孩子产生更多的影响，可以在一定时期内，选择此绘本作为班级环境的主题。活动区的名字可以取：爷爷的工作坊（美工区）、约瑟的小舞台（音乐区）等。在美工区里投放安全剪刀和纸，以及相关的绘本图片，让孩子在日常的活动中，也能在故事中。在音乐区里增设爷爷和孩子的道具，鼓励孩子去表演这个绘本故事，还能对故事所表达的含义有更深的理解。

二、绘本让孩子学会自我管理

1.教师自我意识的改变

在使用绘本来进行班级管理时，最先改变的是教师的角色意识，教师由管理者，变为引导者、合作者，给孩子机会，让孩子自主思考、自主成长、自主管理。例如，当孩子之间出现争端的时候，教师做的便是让孩子反思自己的做法是否合适，并拿出有关绘本里的人物故事讲给孩子们听，教师则是辅助引导。随着孩子的年龄渐长，教师逐渐放手，让孩子能自己认识到问题的根本，并能自己解决问题，如果自己做错了，则进行改正。

2.孩子自我管理习惯的养成

好的班级常规的建立需要好的方法，这里所要推荐的方法便是绘本引导法。孩子从刚上一年级开始，就应该建立常规，但说教对六七岁的孩子来讲似乎并不是很受欢迎，效果也不尽理想。这样会让孩子觉得被约束，孩子也并不一定能执行好，甚至有的孩子不能听懂老师的说教。所谓的绘本引导法，便是以绘本为载体，让孩子认识到常规，在听故事的过程中，深刻体会遵守常规的好处，并引以为荣。而常规的内化，是孩子自我消化的过程。孩子愿意模仿，喜欢被表扬，当发现绘本中的主人公因遵守常规被表扬时，便主动学习，自我反思，自我评价。此时，常规的建立便是孩子们自我管理的过程，老师的角色由管理者变为引导者和督促者。而孩子在绘本阅读的过程中，潜移默化地建立了自己的规则。一些用来提醒孩子们的常规，例如喝水排队、做游戏不推不抢等，都可以利用绘本来建立。

3.榜样的作用

在班级管理中，绘本故事中的人物是孩子们的榜样，也是孩子们自我管理的模板；现实生活中的榜样便是孩子。教师和孩子们一起商量：什么样的班级常规才是好的常规？孩子们应该怎么做？整个过程，孩子有自己的评判标准，又由于价值观来源于日常的绘本与经验交流，孩子们此时是规则的主角，自己定的规则，孩子们更愿意去遵守，当出现榜样激励的作用时，孩子也会自然而然地向榜样看齐，向榜样的行为学习。例如，我们班上的孩子很喜欢黑猫警长的故事，于是，孩子们很愿意模仿黑猫警长，不干坏事，乐于助人。每当表扬孩子的时候，说孩子很像黑猫警长，孩子认为是很高的评价，并且向之看齐。

孩子们在绘本阅读的过程中，树立了人物榜样，向人物榜样的好品德学习，也为孩子的价值观塑造打下良好的基础。

三、家校合作，共同做好班级管理

1.家长沙龙，家校定期交流绘本信息

家校共育对孩子成长具有很大促进作用，绘本阅读出现在班级和家庭中。为了让家校形成合力，给孩子更好的教育，家长沙龙便是一个很好的交流方式。作者所在的学校每学期都会召开相应的家长会，在家长会上，我们可以顺便举办绘本阅读家长沙龙活动。家长沙龙的主题会根据孩子的年龄特点、兴趣特点以及班级可能出现的常见问题进行选取。在家长沙龙活动中，教师和家长共同就此问题进行商讨。例如，我们开展的主题是"如何选绘本"，家长就如何选绘本交流经验，教师进行总结提升，并给家长提供相应的理论指导。还有的主题是"亲子阅读中如何因势利导，与孩子互动"，由于家长日常会与孩子共同进行亲子阅读，但亲子阅读挖掘其中的教育价值也是不容易的，家长必须根据孩子的年龄特点，挖掘绘本的教育意义，正确地给幼儿提问很重要。沙龙中不仅有现场挖掘意义，还有家长分享，共同交流亲子阅读的经验。到了二年级，则是根据对绘本的理解，进行创编绘本童话剧，让学生学会演绘本，大胆表现自我。

2.家校联系栏持续更新

教师的家校联系栏会有"好书推荐"这一栏，上面有家长栏和教师栏，定期选择家长推荐的优秀的绘本内容放在栏目里。教师也会把近期阅读的好绘本放在家校联系栏中。这样使得家校联系更加密切。同时，该栏目还有家长分享的亲子阅读经验，以及家长和孩子之间在亲子阅读时发生的小故事。一个小小的固定展板包含了学校和家庭的相关有益信息。

3.利用通信工具保证家校交流持续进行

以绘本为载体营造的班级环境，不仅从班级入手，当孩子回家之后，家长的家庭绘本教育更是孩子在学校学习的延续。在班级群里，家长们会传一些孩子阅读的照片以及讲故事的视频，大家相互分享，相互学习和促进。

4.图书漂流活动

绘本阅读在班级管理中运用的开展中，图书漂流活动也是必不可少的。承接着以上绘本交流活动，漂流活动让优秀绘本走近每个孩子，充分实现资源共享。整个过程中，孩子们会从家里带来好的绘本，来班级交流学习，可以参与图书漂流活动，班级也会为孩子们选择合适的绘本。

绘本相当于教师进行班级管理的良好工具，使用绘本阅读来进行班级管理，既能让孩子真正实现自我管理，又能让班级管理的效果达到极致。每个老师都有自己班级管理的方法。好的班级管理，能让孩子自主发展、自主成长，并且效果是令人满意的。绘本阅读是值得推荐的一种管理方法，运用好绘本阅读这个重要的方法，能促进孩子在班级中能健康快乐成长，对孩子今后的人生有重要的意义。

第二节 基于"悦图乐园"的班级管理策略

"一个人的精神发育史就是他的阅读史，而一个民族的精神境界也取决于他的阅读水平。"人类拔高生命的高度离不开阅读。"人活在世上，就是看世界的过程。"但怎么看？朱永新说："阅读能够让一个人拥有精神世界，体验自己的精神生活。"

作为班主任，面对性格各异的学生，我们每天都在忙碌着，忙着处理他们随时可能发生的突发事件，忙着思索如何引导调皮捣蛋的学生改变自己。如今，这个班的学生我已带了四年，这四年来，学生制造了许多麻烦，我也成功地化解了许多矛盾。我通过创建"悦图乐园"班级文化的实践，去引领班级管理，取得了喜人的成绩。

一、班级育人理念

育人不是装满一瓶水，而是点燃一把有创造力的火焰。当生命的美好浸润于孩子的生活，他们才会对自己、对未来怀有希望，才会努力去成为一个美好的人，继续创造美好。在带班的过程中，我始终秉持"享受悦读，播撒希望"这一理念，创建"悦图乐园"，播种美好和希望的种子，点亮孩子的生命底色。

所谓"悦图乐园"，即引导学生读"绘本"，通过营造班级阅读绘本的环境，使学生爱上阅读。在这一理念下，让学生受到"悦图乐园"班级文化的熏陶，在"悦图"中受到教育，愉悦阅读，使之满怀期望，并发掘其才智；

帮助其树立正确的人生观，提高勇气；当学生出现错误行为时，帮助其改正错误，培养良好的习惯，走好人生的每一步。这就是我的育人理念。

二、班级育人目标

作为一名班主任，让孩子喜欢上学，爱上这个新集体，成了关键所在。比起修剪枝丫的园丁，我更愿意做一扇能照进阳光的窗。

在创建"悦图乐园"班级的基础上，我的教育目标是：

第一，创建"悦图"班级特色文化"生态圈"，使学生接受潜移默化的熏陶、感化，培养学生高雅的风度。

第二，强化"悦图"文化与德育的融合教育，培养学生从小做文明人、行文明事。

第三，强化"悦图乐园"品质建设，提升学生道德情操、气质，扩大学生的知识面，增强师生之间的感情。

三、班级管理策略

1.创建"悦图"班级，形成班级特色文化

"小绘本，大智慧。"班级文化一旦形成，便会潜移默化地影响班级中的所有人，使之受到熏陶和教育。"悦图"是我们的班名，"悦图"的班徽是同学们一起设计的，班级吉祥物是"图图"，班级口号是"爱上绘本，爱上阅读"。

因此，从一年级开始，我在班级便创设了良好的绘本阅读环境，利用教室图书角创设了书香阅读区，定期更换绘本，便于学生在学校随时阅读自己喜欢的绘本书。开展"走进绘本"活动，做到每周给学生上一节绘本阅读课。利用楼道墙面的公众优势，将绘本的不同类型、经典绘本封面插图制作成主题为"绘本向我们走来"的图片画面。在我班的带动下，年级其他班级也纷

纷加入了绘本阅读活动，班级之间会时常开展绘本阅读漂流活动，拓宽学生阅读的范围。此外，我还鼓励亲子阅读，利用双休日和节假日布置给孩子和父母一起读喜欢的绘本书。我坚信绘本阅读一定能走进孩子的心灵，坚信阅读能美丽人生，真正做到了"课余读，课下展"。

几年来，我班学生阅读了数百本的绘本，通过"悦图乐园"的构建，净化了学生的心灵，充实了学生的生活，使学生受到了潜移默化的熏陶，润物细无声。

2.品味"悦言"故事，潜移默化立德树人

绘本德育以世界经典儿童文学绘本为主要内容，以人文精神培育为核心，充分挖掘绘本内涵，培育积极的情感、态度、价值观。在绘本欣赏、阅读、交流中，引导学生体验、感悟、实践认同，促进学生的阅读能力、赏析能力、德行养成，润物无声地感染学生，归属于创新型德育理念。

（1）一次交流——午间20分钟，认识优秀品质

根据学校的安排，每天中午14：00—14：20为所有学生静心阅读时间。在这20分钟里，整个校园是安静的，学生可以阅读推荐或选读的绘本，也可以是优秀绘本的讲述、读后感的交流、经典美文的欣赏等。短短的20分钟，不仅促使学生养成了每天阅读的习惯，更是学生分享、交流的快乐时光。学生在阅读和分享的过程中，认识了许多优秀的人物，在潜移默化中习得了优秀品质。

（2）一次体验——主题实践活动，培养美好情操

为了通过绘本对学生进行德育教育，我把绘本分为"人与自然""人与社会""人与自我"等专题。例如绘本《我爸爸》《我妈妈》，通过教学，使学生学会了感恩；绘本《我的幸运的一天》，教会了学生面对困难，要学会想办法；绘本《花婆婆》《树真好》，教会了学生要爱护自然环境；等等。因此，我根据本年级的阅读内容、主题以及学生的年龄和心理特点，设计了"小小书包我会理""爷爷奶奶我爱您""十岁生日队会""爱与责任""梦想起航"等主题活动，让学生在活动中自主体验、认识自我、学会自我管理、感恩父

母、承担责任、实现梦想，使良好的品行在活动体验中升华。

（3）一个舞台——绘本剧表演，内化行为准则

引导班级学生积极参与主题鲜明、形式丰富、参与性强的"绘本剧"活动。学校每年的"读书节""英语模仿秀""科技节"都有童话剧表演，不仅给予学生视觉的享受，更多的是细节的领悟和心灵的体会。学生在与经典进行心灵的对话中，语言、思维、解决问题的能力得到提高，在潜移默化中明白了许多做人的道理，内化了行为的准则。

3.践行"悦行"德育，启发自我管理意识

对于低年级的学生，对他们讲大道理，显然是行不通的，我通过引导学生阅读绘本，学习绘本中一些朗朗上口的儿歌来规范学生的行为。比如：

坐姿歌

小手放桌上，小脚要平放，

身子要坐直，两眼看前方。

写字歌

拿起笔来坐端正，一拳一尺又一寸，

头正身直双足稳，字字争取得满分。

讲卫生儿歌

学校是我家，人人都爱她。

果皮和纸屑，不能污染她。

这些绘本中的儿歌，道理浅显易懂，富有童趣，符合小学低年级学生的身心特点，再加上读起来朗朗上口，容易被学生接受。如果时常让学生读一读，"润物细无声"，久而久之，学生便会将这些要求和道理记在心间，慢慢地便会内化为一种自觉遵守的能力。这种自觉遵守的能力，就是自我管理的

能力。班上绝大多数学生都具有了这种自我管理的能力，学生的自我管理的意识就初步形成了，班级的自我管理能力就会呈现一个"以多带少"的良性发展趋势，从而形成学生的班级自我管理能力。

4.分享"悦心"感悟，播撒良好德行种子

教育的神圣和崇高体现在它可以让人的心灵世界因为充满理想和美好而变得五彩斑斓。我组建了阳光四小"向日葵故事会"，每个星期五开展绘本故事会活动，带领学生跟随校内外老师齐读绘本。开展"向日葵故事会"的宗旨是让孩子喜欢阅读绘本，养成良好的阅读习惯，使学生在阅读中受到品德的教育，培养学生健全的人格和良好的品德。"向日葵故事会"至今已经开展了20多期活动，深受学生和家长的欢迎。

在"向日葵故事会"的辐射作用下，学生分享故事的习惯延伸到了家庭和课外。许多学生回到家后，会活灵活现地向家长讲述在学校的生活，也会和家长开展绘本故事扮演活动。分享的不仅仅是故事，更是良好的德行。

四、育人取得的成效

通过阅读绘本，学生感受到了身边的美好，班级呈现了从阅读向德育的内化。

1.创建多元"悦读"分享平台

让教室的每一面墙都"说话"——把孩子们工整规范的作业、色彩活泼的画和有着大大笑容的照片挂在墙上。最初的学习都是来源于模仿。渐渐地，孩子们学会了整理桌面，学会了整齐地摆放文具等物品，学会了安慰难过的好朋友，学会了勇敢承认自己的错误并想办法补救改正……

2.班级小会赞赏"悦行"活动

除了开展以节日为主题的班级系列活动外，在每周一次的班会上，我会和孩子们一起说一说班里的好人好事，身边发生的值得表扬和学习的现象等。

在阅读中学会了真、善、美的孩子，为自己的发现而骄傲，被发现美好的孩子更会因赞美而自豪。孩子们也在彼此的赞美和鼓励中建立了更为深厚的友情。

3.梳理了班级特色"悦图"德育绘本专题

近年来，在班级的这块悦读乐园上，梳理出"人与自然""人与社会""人与自我"等系列专题。学生在绘本等的熏陶之下，已由刚入学时的懵懂者成为知书达理的儒雅者，班级几乎月月被评为学校的文明班级，而我荣获区优秀班主任称号。

4.开展了多期"悦心"向日葵故事会活动

参与人数覆盖面达1000人次。讲故事的老师既有本校老师，也有东莞市名教师工作室的学员，还有"故事妈妈"。学生通过参与这些绘本故事会，开阔了视野，增强了生活情境体验，更在故事会中习得了阅读方法，规范了自己的言行。

5.参与2019年世界读书日粤港澳创作比赛

班级学生32人次参加了本次活动，最终学生作品荣获广东省一、二、三等奖，我荣获"优秀指导奖"。本次获奖，极大地鼓舞了学生阅读的兴趣，增强了学生创作绘本的信心。

6.完成班级及年级"春的故事""植物生长记""我们的中国节"三个绘本创作主题

孩子们用童真的语言、有趣的绘画，描绘了他们对世界的认识，表达了他们对自然、社会及生活的热爱。

莎士比亚说过："书籍是世界的营养品，生活里没有书籍，就好像大地没有阳光；智慧里没有书籍，就好像鸟儿没有翅膀。"以书育人是一个潜移默化的过程，是一个在慢慢培养孩子审美、修养、品行、素质的过程，我将对"悦读"的追求和对未来的希望雕刻进学生的灵魂，让孩子自己慢慢学会去发现生活的美好，感知世界的多彩，从而满怀对明天的希望，渴望创造更美好的未来。

　　享受阅读，播撒希望。

第三节 以书为"媒",涵养至善少年

班级建设是班主任工作的核心内容,要创建一个有感染力和影响力的班级,我们需要创建健康、和谐的班级文化,通过班级文化的力量来熏陶学生的品格,培养学生良好的行为习惯。为此,我把班级命名为"悦图"班,努力构建以"悦读"为特色的班级文化,为班级管理赋能。

在首届全民阅读大会开幕式上,领导希望:孩子们养成阅读习惯,快乐阅读,健康成长;全社会都参与阅读,形成爱读书、读好书、善读书的浓厚氛围。在充满书香的日子里,我们一起来看一看"悦图"班的孩子们与书的故事。

一、源起:数据导航,多维解读

小学生有很强的学习主动性,会利用周围的一切构建自己的认知。通过让学生阅读一些健康向上的书(特别是宣传红色文化的书),可以对学生进行思想教育。结合小学生的特点,通过以快乐阅读绘本的"悦图乐园"的方式构建班级特色文化,有利于提升班级管理的效率,发展儿童的综合素养。

我校地处东莞市中心区,图书资源丰富,学校和班级也有丰富的藏书,家长也非常支持,有利于引导学生开展阅读。在我校"至善教育"的引领下,本班也在全力打造"悦读乐园"特色班级,积极构建基于"悦读乐园"的班级特色文化,并且给班级取名为"悦图",以此推进班级的管理,提升管理的实效。

几年前，我一切从头开始，担任一（4）班班主任。当时班上共有50名学生：27个男生和23个女生。开学没几天，我就发现班上大部分的女生都很乖巧文静，男生则活泼有余。从幼儿园刚升上来的孩子，大多纯真，愿意听老师的话，但却缺乏规矩意识，自我控制能力较弱。上课随意讲话、经常找不着自己的东西等现象比较突出。如何给孩子们立规矩，让他们尽快适应小学生活，成了我当时面对的第一个问题。而且，刚接新班，对家长们也完全不了解。尽快了解学生成长环境及家长，这是我要面对的第二个问题。

我通过翻阅学籍卡和调查问卷，发现班上四分之三的学生家长都具有大专及以上学历，上班族较多，个体户较少，大多能正常上下班，晚上有时间能陪伴孩子阅读。而且，通过开学一周与家长们的沟通，我还发现大多数家长对孩子的教育都很上心，也很愿意配合学校和班级的工作，完成各种事务。但也有一小部分家长因为要上晚班，无法正常陪伴孩子阅读，显得心有余而力不足。

二、以书为"媒"，融合育人

（一）育人理念

以《中小学德育工作指南》为指导，以立德树人为根本遵循，以东莞市"品质教育"为准绳，结合学校"育人为本，止于至善"的办学理念和班情分析，我将班级育人理念定为"以书为'媒'，涵养至善少年"，班级口号则是"悦读，悦心，约未来"。用书籍指导学生的行为举止，培养学生的心性、定性，以书籍润泽学生的心田，涵养德、智、体、美、劳全面发展的至善少年，落实立德树人的教育目标。

（二）育人目标

为了落实我的育人理念，我根据学校的学生培养总目标，将班级培养总目标定为：培养有"涵养"的至善少年。同时，我还将总目标分为三个阶段目标：

> 低段绘本启智，择趣而行；
>
> 中段童话寓情，悟真善美；
>
> 高段名著育志，益智润心。

（三）创新之处

通过实践研究，使班级文化建设促进每一个学生健康发展；同时，也为学生的素质发展创建良好的氛围，对形成一个热爱阅读、充满活力的班集体起着桥梁纽带作用，对培养习惯良好、身心健康、自立自强、合群合作的一代新人非常有帮助。

通过构建班级特色文化，并研究如何通过该文化赋能管理，为广大班主任教师提供创建良好的班级文化的教育理念、操作设计及其生活范例；在班级文化建设中形成初步的，具有推广价值的班级文化建设的模式，这也是对班级文化相关研究的有益补充。

三、"悦"致涵养，书香润心

教师不能只做传授书本知识的教书匠，而要成为塑造学生品格、品行、品位的"大先生"。为了将目标贯彻落实，我采取了很多做法。

（一）"悦"环境，养阅读意识

我利用教室图书角创设书香阅读区，定期更换阅读区的书；利用教室板报和楼道墙面、橱窗，展示经典书的封面、简介等。教室的两侧有读书格言"书籍是成长的阶梯，最是书香能致远"；后面是读书口号"热爱书吧，它是成长的源泉"；课室后面有一个班级图书角；后黑板的左侧是学习园地和读书交流角，右侧是班级读书之星的展示。教室外面的墙壁上也张贴着学生的字画和手抄报等作品。我让教室的每一面墙都成为会"说话"的镜子，让学生目光所及之处皆是书，营造浓浓的书香氛围，培养学生的阅读意识。

（二）"悦"班会，养行为规矩

一年级时，班上学生总坐不住，而且他们说过的话转身就忘。

于是，我在班级中开展了微短的"悦"班会课程，每天利用五到十分钟的时间，解决当天班级出现的问题。它时间短、节奏快、频率高，方式灵活多样，从仪容仪表到言谈举止，我用示范和实践的方式为班级带来了优雅之风。

（三）"悦"绘本，养阅读兴趣

小朋友很爱听故事，尤其是图文并茂的绘本故事。因此，我会利用早读或放学前十分钟，每日为学生们讲一个绘本故事。我将绘本分为"人与自然""人与社会""人与自我"等系列专题，将相同德育主题的绘本放在相邻的时间讲。学生的一些不好的习惯和行为，往往会在我精心选择的绘本故事中，受到启发，得到改正。绘本带给学生们的不只是自我规范的行为准则，更是点燃了学生对阅读的渴望和热情。

（四）"悦"课程，养书香气质

班会课重在解决日常问题，而有些能力的培养则是一场持久战，例如品格。为此，我设计了一套"书籍润心"的活动课程，来锻造孩子们的内化素质。它从"悦读""悦听""悦说""悦写""悦演"五个方面孕育着孩子们的至善之心，塑造学生们的良好品格，从而培养有书香气质的少年。在"书籍润心"的活动课程中，学生最喜欢的当属"向日葵故事会"了，因为讲故事的人既有"故事妈妈"，又有"阅读推广人"，她们有讲故事的丰富经验，还会设计与故事相关的有趣的拓展活动，她们来讲故事，孩子们很爱听。除此之外，学生们还积极参与学校"朗读者"栏目录制、故事大王比赛、课本剧表演等一系列与阅读有关的活动，学生们在书的海洋里玩得不亦乐乎。

（五）"悦"共育，养家校默契

学校的"五节一礼"（读书节、科技节、儿童节、艺术节、体育节、毕业典礼）活动，为家校共育搭建了优良平台。读书节表演时，家长们成了可爱的演员；科技节活动时，家长们又是志愿者；艺术节合唱比赛中，家长们变身化妆师；体育节运动会上，家长们又成为裁判员。

家长们有时是元宵节、中秋节给孩子们煮汤圆、做月饼的阿姨，有时又是儿童节、元旦给孩子们送礼物的"圣诞老人"。

班级家长们还经常组织孩子们一起去田里插秧、去河里捉鱼等劳动实践活动。

夜幕降临，亲子阅读更是给孩子们每日的学习增添了丝丝温情。家长们在阅读登记卡上，写下了孩子每日的阅读内容，日积月累，这些阅读记录汇聚成了孩子们成长的财富。

家长们全面参与学校的活动，与老师们一起携手见证孩子们的成长。我将学习与游戏相融合，在面对面、心贴心交往中，师生、生生、家校关系友好而和睦，为家校共育铺平了道路，为班级注入了凝聚力，家校默契度上升，师生、生生默契度上升。

（六）"悦"评价，养良好德行

教育的最后一环是评价。我沿用了学校五育融合的"至善少年"评价方式：采用家长评价、老师评价、生生互评的方式，正向评价，充分鼓励，每月评选出3名班级主题好少年，每学期评选出3名学校至善少年，多途径认可学生。一批批书香好少年、劳动好少年、爱国好少年、感恩好少年、健体好少年……应运而生。小学生具有极强的亲师属性，老师的认可能帮助他们朝着更好的自己去成长。

四、书香流溢，模范班级

实践证明，学生有无文雅之气，将来有无君子之成，关键之一在于自我的读书修炼。对班主任来说，让学生爱上阅读，便是引导学生走上一条追求自我教育的大道，这是很好的思想品德教育。书中自会告诉他们什么是美，什么是丑，什么是高尚，什么是卑劣，他们通过读书就会自觉追求美，追求高尚。作为班主任，管理班级一定要有这样的打算和目标：让每个孩子都慢慢地爱上读书，让班级里流溢出淡淡的书香。如此，就会事半功倍、得心应手。

多年来，"悦图"的孩子们在我的带领下，在书香的涵养下，行为举止已然彬彬有礼，早已由懵懂孩童成长为儒雅的翩翩少年，班级呈现出班风正气、学风浓厚的积极态势，班级多次被评为学校文明班、书香班、道德风尚班。2021年，我班被评为南城街道二星章中队，而我也被评为南城街道"优秀班主任"。

学生们在阅读的推动下，也取得了许多可喜的成绩。学生们将阅读的感悟画成了美图、编成了故事、制成了诗集。更有学生将阅读文字"变"成了铅字，印在期刊上，成了小作家，或是在不经意间就捧回某个大奖。

第四章

悦图乐园与语文能力的培养

第一节　绘本教学与阅读能力的培养

绘本阅读为学生认识世界打开一扇扇窗口，使学生感受到阅读的乐趣。尤其是小学低年级学生，刚从自由自在地游戏、玩耍中进入正式的学习生活，更要让他们感受到绘本中世界的美妙和精彩，获得无穷无尽的乐趣。画画、唱歌、表演和游戏都是低年级学生非常喜欢的活动形式。根据低年级儿童的这一特点，教师便要采取灵活多样的阅读教学方式，引导学生阅读绘本，有效地调动学生学习的兴趣，培养学生的创新精神和实践能力。

一、创设情境，激发参与

苏霍姆林斯基说："儿童是用色彩、形象、声音来思维的。"在绘本教学中，创设与教学内容相适应的具体环境或氛围，把作品中描绘的生活画面及其形象看成作品中情境的本质内容，并将其化为各种图画、音乐、动画故事等，把学生引入书中所描绘的特定环境中，让学生仿佛身临其境，从而激发其情感体验，引发学生心灵的感知，情感的共鸣。特别是对于一些看图学文，利用大量的图片，让学生在真实的视野中去感受"文"的语言。我们还可以把绘本教学的理念引入课堂中，让学生在学习课文时，图文结合，激发学生学习的兴趣。

例如，《黄山奇石》是一篇描写景物的散文，由于很多低年级小朋友都没有去过黄山，甚至黄山位于哪个省都不知道。对于这样一篇学生极不熟悉的课文，教师该如何去引导学生在朗读中感受和体会黄山石的奇妙呢？教师在课前布置让孩子们去搜集有关黄山的风景图片和黄山奇石的风光图片。上课时把大家搜集来的图片都挂在教室的墙壁上，让学生们仿佛置身于黄山之中，在优美的情境中，通过欣赏美丽的黄山美景，学生很容易就进入教学情境。

就这样，由图像与故事形式转化为文字信息，让学生能在课堂中轻松愉快地掌握所传授的知识，从而激发学生的学习兴趣，对理解课文内容很有帮助。这样安排既培养了学生的观察能力，又培养了学生的口语表达能力，同时对读懂课文、理解字词句都大有裨益。

二、激活思维，放飞想象的翅膀

"关注儿童的想象世界"，这是绘本教学的一个突出特点。想象是智力活动的翅膀，是智力活动富有创造力的重要条件。低年级学生的想象力犹如一座尚未开发的宝藏，只要善于挖掘，就会找到取之不尽、用之不竭的宝藏。如果不去挖掘这些宝藏，那么宝藏就可能埋没于地底。在绘本阅读教学中如何挖掘这些宝藏，发挥学生丰富的想象力呢？

（一）读说结合

绘本图文并茂，充满了天真和浪漫，每一幅图，在孩子们心中，都可能成为一个有趣的故事。教师要寻找有利因素，因势利导培养学生良好的语言习惯。

例如绘本《雨点儿》的教学，在学生阅读了绘本后，我设计了这样的思维发散点：

课件演示：红花绿草受雨水滋润生长的画面。

师：雨点儿飘过，有花有草的地方花更红、草更绿，没有花、没有草的地方长出了红的花、绿的草。如果你是大自然中的花花草草，你想对雨点儿说些什么？（学生谈自己的感受。）

师：那么如果你是雨点儿，你想飘落到哪些地方去呢？

通过这样的设计，让学生想象说话，留给学生一个可以尽情拓展想象的空间，使孩子们的想象插上翅膀，发展了思维。同时在交流中使学生懂得雨水与植物生长的密切关系，解决了难点，也使学生的情感和语言表达能力得到发展，更有利于加深学生对绘本内容的独特体验。

（二）读画结合

绘本中有不少是情景交融的，教师除了可以创设情境把学生引入诗情画意的意境中，让学生想象说话以外，还可以在一些意境优美的绘本中，让学生把理解的内容用画画的形式表现出来。当今语文教学要求：应拓宽语文学习和运用的领域，注重跨学科的学习，使学生在不同内容和方法的相互交叉、渗透和整合中，开阔视野，提高学习效率。因此，通过让学生画想象画，不仅可以帮学生将课堂上刚学的知识内容复习巩固一下，还可以培养他们的想象力，而这一方法在绘本阅读教学中尤为适用。

在教学绘本《雨点儿》时，可以引导学生想象眼前出现了怎样的景象，再在轻快的音乐声中用笔画一画，同学间交流并欣赏一下。

学生如果能画得出来，讲得出来，相信他们对绘本中所包含的意思就已经了解，也就无须教师做多余的解释，这正符合学生自主学习的要求。此外，这样做既可培养学生的想象力，也能让他们在感受语言文字美的同时感受艺术的美。这也正体现了语文课程标准中所强调的语文学科要整合其他学科的知识，以提高学生的综合素质的要求。

三、感情朗读，表演延伸

情境表演是儿童最受欢迎的表现形式。孩子们喜欢表演，也喜欢看别人表演。那富有情趣的角色形象，不仅唤起他们的新鲜感、好奇心，使他们激动不已，而且能产生巨大的角色效应。"作者胸有境，入境始与亲。"根据绘本学习的需要，在充分读的基础上，适时指导学生在特定的情境中进行角色表演，使枯燥的语言文字内化为学生自己的语言。在这个过程中，儿童有担当角色的知觉，产生体验角色的情感，而且对于教材中角色的语言、行为动作以及思想感情，都会有更真切的理解，同时发挥了学生学习的主动性，培养了学生思维的创造性。

绘本《两只小狮子》的教学片段：

师：刻苦的小狮子练习得挺认真，而这懒狮子却整天懒洋洋地睡觉，根据两只小狮子现在的表现，你认为谁能成为森林中的大王呢？

生：我觉得刻苦的小狮子能成为大王。

师：懒狮子呢？他以后会怎么样呢？

生：他要是一直不学习本领的话，长大以后别人会看不起他，还会欺负他的。

师：是呀，旁边有棵小树，他也和我们一样，特别担心懒狮子，他会对懒狮子说些什么呢？懒狮子又会怎么做呢？请同桌分角色表演。

就这样在这毫无拘谨的学习氛围中学生敢想、敢说，从而能充分体验文中角色的内在情感。课堂活了，学生有了深刻的体验感悟。语言文字不再枯燥，学习成了学生的乐事。一切都在"演"中生成、体验，在"读"中感悟、升华。

四、要确立学生在阅读中的主体地位

在绘本教学中，教师要善于营造一个有利于阅读主体情绪化的氛围，让学生成为自觉主动的行为者，而不是教师活动的追随者。课堂上不再只是教师硬性指令学生一定要读什么、怎么读，一定要对某个问题的理解寻求整齐划一的答案，而是要提供大量的学生自主选择学习内容的机会和条件，给学生自主阅读的时间和空间。要鼓励学生对自己喜欢的段落、篇章进行反复阅读，把自己的意见和伙伴交流交流，从中得到体会和感受。在教学中教师要从每个学生的个性实际出发，开放课堂，尊重学生的学习意见，善于了解并研究学生自主创新性学习的心理，善于根据个性与共性，处理好教与学的关系，努力做到教学手段开放。

五、要尊重学生在阅读过程中的独特体验与感受

语文教学应尊重学生在学习过程中的独特体验。特别是在绘本教学中，我们更要珍惜学生独特的感受、体验和理解。因为绘本阅读是学生的个性化行为，学生之间的认知能力、生活阅历和阅读习惯存在着差异性，在阅读过程中，对同一本绘本的理解和感悟，必然会带有浓重的个性化倾向。在阅读活动中，教师要充分尊重学生的自我体验，不应以教师的分析来代替学生的阅读实践，不能把教师个人的理解和体验强加给学生，要引导学生尊重阅读体验，进行个性化的阅读交流。

学完《两只小狮子》绘本后，我问学生："你最喜欢课文中的哪一只狮子，为什么？"大部分学生都说喜欢勤奋的小狮子，因为勤奋的小狮子努力勇敢，长大以后肯定能成为狮子王。但有一位学生说喜欢懒狮子。我惊讶地问："为什么？"他说："懒狮子现在是比较懒惰，但是如果他能听取别人的意见，

知错就改，我相信他也能成为一只好狮子的。"这位学生敢抒己见，没有一味地从别人已经想好的思维角度出发，而是另辟蹊径，令人折服。我当场给予肯定说："你分析得很好，能从不同的角度看到懒狮子身上的优点，真了不起！老师相信你通过你的努力长大后也能成为一个优秀的人才。"学生听了我的赞许，显得十分高兴，这不但充分调动了他学习的主动性，而且激发了他主动探究的精神。

我们的语文教学不正是要发现、培养、张扬这种有创意、有个性的思维吗？

六、在阅读教学中培养学生的质疑解疑能力

中国传统的阅读教学经验是熟读精思。朱熹认为，读书要有疑，从疑而悟。《朱子读书法》中这样说道："读书，始读未知有疑，其次则渐渐有疑，中则节节有疑。过了这一番后，疑渐渐解，以至融会贯通，都无可疑，方始是学。"从这番话中不难看出，读书，贵在有疑，这是古今学者的共同体会和宝贵经验。目前，我们培养的应该是具有创造性思维能力的人，应该是善于发现问题、提出问题和解决问题的人。在绘本教学中，同样应该培养学生质疑解疑的能力，激发学生的求知欲，调动他们学习的积极性。

（一）培养学生发现问题的能力

爱因斯坦曾指出：提出一个问题往往比解决一个问题更为重要。当今语文教学要求学生：对课文的内容和表达有自己的心得，能提出自己的看法和疑问，并能运用合作的方式，共同探讨疑难问题。由此可见，让学生学会质疑太重要了。学会质疑是创新的开端，是启智的关键。

对于学生来讲，读书好问是他们的特点，但是要让他们在读完书后提出问题，他们往往会提不出什么问题来，只会提出一些不理解的词语；有些学

生则出于爱面子的虚荣心理，即使有问题也不敢质疑，总害怕问错了会引起同学的讥笑，对质疑有后顾之忧，致使学生产生了各种心理障碍。

针对这一现象，教师该如何培养学生发现问题的能力呢？

第一，给学生提供发现问题的模拟情境，激发学生寻找和发现问题的兴趣，培养学生的问题意识。俗话说，"兴趣是最好的老师"。学生只有对学习产生兴趣，才会产生学习探索的内驱力，才会去思考去发现，并能自觉地克服困难，解决问题。在教学中，只有教师激起了学生探求答案的兴趣，引导学生迅速进入"乐学境界"，学生才有可能提出许多精彩的问题。而且要让学生敢提问，破除学生怕提问、怕师生嘲笑的疑虑，让学生大胆地问，毫无顾忌地问。

第二，"授人以鱼"，更要"授人以渔"，让学生掌握发现问题的基本方法。

首先，从绘本题目入手，鼓励学生提出问题。在初读绘本时，抓住题目进行质疑，往往可以起到牵一发而动全身的作用。

其次，就是让学生通过初读绘本整体感知后，提出问题。只要是学生提出了问题，不管好与坏，不管对与错，均应给予肯定和称赞，使学生增加自信心。

再次，便是让学生深入阅读，提出问题。在这个阶段，教师一定要注意学生的疑点不能脱离阅读的内容，教师要引导学生抓住重点的地方，抓住关键处提问，不能"浅问辄止"，而应"刨根问底"，多角度地思考，多方位地发问。

最后，教师要在质疑上舍得花时间，绝不能走过场，搞形式，而应实实在在地让学生学习提问，经历由不敢问、不会问到会问的全过程。

（二）培养学生解决问题的能力

提出问题只是手段，而不是目的，最重要的是让学生能创造性地解决问题。因此，教师在教学中要给学生提供自主探索的机会，创设解决问题的情境，引导学生去动手实践，自主探索、合作交流，在观察、实验猜测、交流等活动中解决问题。绘本阅读教学要重视对学生解疑能力的培养，不但让学生多问几个为什么，而且让他们能主动地克服重重困难而解决问题，进行有效的学习，为今后的学习打下坚实的基础。

七、绘本阅读教学指导案例

下面提供绘本阅读教学的两个案例：《笨拙的螃蟹》《我喜欢自己》，供大家学习。

案例一：绘本《笨拙的螃蟹》教学

[内容简介]

有一只螃蟹，他叫尼尼。他时常挥舞着一对大钳子，样子看起来憨憨的，但是他一直不喜欢自己的大钳子！为什么尼尼不喜欢自己的大钳子呢？让我们一起阅读英国绘本作家露丝·盖乐薇编绘的绘本故事《笨拙的螃蟹》。想知道的话，就来参加我们的故事会吧！

[活动目标]

1.观察细节，理解图书中所表达的内容，并大胆地表现自己。

2.激发学生的阅读兴趣，让学生产生阅读期待。

3.初步感悟：决定自己笨拙或有用的，关键是如何看待自己。

[活动准备]

PPT课件。

[活动过程]

一、谈话导入

1.出示课件，观察这幅图，你看到了什么？形容一下，这是一只怎样的螃蟹？原因是什么，说来听听。

2.是的，这是一只可爱的螃蟹，叫尼尼，听你们刚才夸，他听了一定很高兴，可是他不是这样认为的，你看他（出示课件）。他认为自己是一只笨拙的螃蟹，你能猜一猜他为什么认为自己笨拙吗？今天咱们的故事就是《笨拙的螃蟹》

二、讲述故事

1.螃蟹尼尼不喜欢自己那对大钳子。不管他干什么，笨拙的大钳子总是碍事儿。（你听出来尼尼觉得自己笨拙在哪了吗？猜一猜他的大钳子干什么会碍事？）

2.他的朋友们都没有这样笨拙的钳子。尼尼多么希望自己有像章鱼和水母那样可以挠痒痒的触手，或像海龟和鱼那样可以划水的鳍。

3.一天，尼尼和朋友们一起玩捉泡泡的游戏。

4.啪！尼尼笨拙的钳子把泡泡扎破了！

5.他们不能玩这个游戏了，于是开始玩追逐游戏。尼尼横着身子飞快地逃跑，可有一只钳子总是碍事儿。

6.呼哧，尼尼脚下一滑，摔了个跟头，骨碌碌地从坡上滚了下来……

7.他被埋在了沙子里，只有两只眼睛露在外面。海龟不得不把他挖了出来。（猜一猜尼尼这时候的心情怎么样？）

8.大家又决定玩捉迷藏。尼尼爬进一个大贝壳，然后把壳轻轻盖上。

9.这可是绝妙的藏身之地！谁知道……

10.尼尼笨拙的钳子把贝壳碰碎了。"哎呀！"他大叫起来。尼尼忍不住叹了一口气，"如果没有这对笨拙的钳子，我会藏得非常好！""别担心，尼尼，"水母一边说，一边把碎贝壳捡了起来，"这回我们藏，你来找。"（现在你明白了，尼尼为什么不喜欢他的大钳子了吗？他的朋友们讨厌他的大钳子吗？）

11.尼尼从一数到十后，开始找他的朋友们。他在沙子里找到了海龟。在贝壳下找到了水母。

12.可是，他把石堆的周围都找遍了，也没找到章鱼。（你们能帮尼尼找一找章鱼在哪吗？）

13.突然，他们听到求救声。原来，章鱼被海草紧紧地缠住了。章鱼拼命地扭来扭去，左摇右摆，海龟和水母也跑过去帮忙，可海草却越缠越紧。

14.他用钳子轻轻地把海草剪断，被剪断的小片海草随着海水漂走了。尼尼越剪越快，就像在围着海草跳舞。尼尼的钳子飞快地移动着，一会儿砍，一会儿切，一会儿撕，一会儿抛。很快，海水里到处都是打着转转的碎海草。（你这会还觉得他的大钳子笨拙吗？）

15.章鱼终于自由了！"谢谢你，聪明的螃蟹！"他欢呼起来。尼尼高兴地挥舞起他的大钳子，他终于知道自己"笨拙"的钳子是多么有用了！

三、课堂写绘

1.教师小结：引导学生仔细看图，尼尼现在的心情如何？他还讨厌他的大钳子吗？是啊，你看他欢呼起来。尼尼高兴地挥舞起他的大钳子，他终于知道自己"笨拙"的钳子是多么有用了！

2.尼尼的故事并没有结束，那你能猜一猜他现在心里会想些什么吗？他那笨拙的大钳子还会帮朋友们做些什么？他后来和小伙伴还会有哪些故事发生呢？把你想象到的用画笔画下来。

四、布置作业

小朋友们，小螃蟹尼尼来到了我们面前，他也许就在我们身边，就在你我当中，他的烦恼也许就是你的烦恼。在一些看似平淡的小故事中，尼尼似乎成长了，但可以肯定的是，听故事的小朋友若有所思了。决定自己笨拙或有用的，关键是自己如何看待自己，换个角度看问题，缺点也会变成优点。记住你是最棒的。回家后将《笨拙的螃蟹》这个故事讲给爸爸妈妈（或爷爷奶奶、哥哥姐姐）听，并把自己所绘画的故事也讲给他们，还要请他们帮助你写一写，在每一幅图画的旁边用文字简单地记录下你的故事。

五、教学反思

在这次的绘本教学中，学生能通过《笨拙的螃蟹》的生动的图画和教师的讲解对故事内容有所了解，从中感受到了图画的内涵；在整堂课中，我引导学生关注图画，创设悬念，运用图画帮助学生理解想象，以培养学生的思维想象能力，孩子们都比较活跃。另外，我也注入了育人的环节，希望孩子们也能正视自己，明白每个人都是最棒的，做最好的自己。

（整理人：林映红）

案例二：绘本《我喜欢自己》教学

[内容简介]

我有一个最要好的朋友。这个好朋友就是我自己！我和自己会做好玩的事。我会画漂亮的图画。我骑车骑得很快！我还会和自己读好看的书！我喜欢照顾自己。我自己刷牙、洗澡，吃有营养的食物。早上起来，我都会对自己说："嗨，你看起来棒极了！我喜欢自己的卷尾巴，也喜欢自己的圆肚子，还有自己的小细脚。每次心情不好的时候，我会想办法让自己开心；每次跌倒的时候，我会叫自己爬起来；每次做错事的时候，我会鼓励自己试一次，再试一次！不管我去哪里，不管我做什么事，我都要做我自己，而且我喜欢这样。"

[活动目标]

1.培养学生的自信心，喜欢自己。

2.引导学生大胆表述，学说简单句。

3.加深学生自我认识、自我接纳的情感。

[活动准备]

PPT课件。

[活动过程]

一、导入

同学们，在你们的生活中，最喜欢谁？从你们口中，我听到的都是"我喜欢妈妈""我喜欢爸爸""我喜欢老师"之类的表达，今天老师给大家讲一个"我喜欢自己"的绘本故事。

二、阅读理解绘本

小朋友有没有想过，自己到底喜不喜欢你自己？这本书里的主角，是一个"真心喜欢自己"的快乐猪小妹。她算不上特别漂亮，也没有什么特异禀赋，就像我们身边常见的小朋友，但是她很懂得照顾自己，即使没有朋友在身边，也会做一些让自己愉快的事情。如果犯了错或是遇到了挫折，她会给自己再一次的机会尝试。

1.好，现在我们一起来好好看看这个快乐自信的猪小妹吧！她和自己会做许多好玩的事，那你们呢？

我和自己会做好玩的事，我会＿＿＿＿＿＿＿＿，我会＿＿＿＿＿＿＿，我还会＿＿＿＿＿＿＿＿＿＿＿＿＿。

你们的课余生活太有趣了，你们都是爱生活的孩子。

2.这个猪小妹不仅会玩许多好玩的，她还喜欢自己照顾自己，自己刷牙、洗澡、吃有营养的食物。那你们呢？会自己照顾自己吗？能用上老师出示的句式吗？

我喜欢照顾自己，我自己＿＿＿＿＿＿＿，＿＿＿＿＿＿，＿＿＿＿＿＿＿。

学会照顾自己，让爸爸妈妈少担心，这是长大的标志。

3.快乐的猪小妹在日常生活中，也不是每天都这么快乐，也有不开心的时候。遇到什么事情的时候，你们会不开心？心情不好的时候，你们是怎么做的呢？猪小妹也有让自己开心的方法，一起来看看吧！每次跌倒的时候，她会叫自己爬起来；每次做错事的时候，她会鼓励自己，试一次，再试一次。她是如此坚强，她还说：不管我去哪里，不管我做什么事，我喜欢这样！独立自信的猪小妹，你们喜欢吗？

4.既然大家都喜欢这样的猪小妹，那我们也来学学她吧！

拿出老师给的那张学习单，给自己画一个自画像，并仿写：

我喜欢自己＿＿＿＿＿＿＿＿＿＿＿＿＿＿＿＿＿＿＿＿＿＿，

也喜欢自己＿＿＿＿＿＿＿＿＿＿＿＿＿＿＿＿＿＿＿＿＿＿，

还喜欢自己＿＿＿＿＿＿＿＿＿＿＿＿＿＿＿＿＿＿＿＿。

5.展示孩子的作品。

6.总结：我们每个人都是与众不同的，都是独一无二的，喜欢自己才能喜欢别人。让我们从现在开始，都来做一个开朗、坚强、自信的孩子吧！

三、教学反思

本书的作者南希有一个快乐而充实的童年，阅读她的作品，对孩子身心健康的发展，能起到教益深远的正面影响。《我喜欢自己》通过快乐猪小妹的自述，让孩子从心底了解自身，欣赏自身的优点，当独处的时候学会照顾自己，遇到挫折的时候能自我排解……

老师在教学时语言还不够精练、优美，引导孩子说句子时，有些突兀，孩子的兴趣打了折扣。

（整理人：翟婉平）

第二节　绘本教学与语言表达能力的培养

写作是运用语言文字进行表达和交流的重要方式，是学生认识世界、认识自我、进行创造性表达的过程。写作能力是学生语文素养的综合体现。当今语文教学要求，低年级要让学生易于动笔、乐于表达。可见，培养学生的表达能力至关重要。

阅读绘本对培养学生的表达能力到底有什么帮助呢？不同的人有不同的认识。我们阐述如下：

一、来自国内外学者以及语文教师的观点

1.国外学者的观点

国外专家从理论上认为，绘本阅读可以提高儿童的表达能力，基本观点为绘本中的图语、文字语言都是儿童学习语言最好的资源。

英国学者培利·诺德曼在《阅读儿童文学的乐趣》一书中指出：儿童所读文本的特征、类型会直接反映到语言表达中。他还认为：绘本中的图画作为一种特殊符号有超越形象的延伸意义，它不仅给儿童带来阅读的乐趣，还能带来美学感受。他对绘本的符码分析为我们提供通过阅读绘本而提高写学生话能力的正确方向。

大卫·阿诺德在《通过录像训练研究图画书：阅读对儿童语言发展的促进作用》中主要研究了绘本中的图画对儿童语言发展的作用，并且提到了绘

本阅读应用在亲子共读中的阅读策略。

2.国内学者的观点

国内研究者从具体实践层面认为，阅读绘本能有效提升学生的表达能力。

余耀的《由图画书爱上阅读》一书分析了如何在课堂教学中开展绘本阅读教学，并提供了众多教学案例。

陈晖的《图画书的讲读艺术》一书提出了绘本讲读的原则，对亲子阅读和教师的讲读提供了方法和实施要求。该书以具体绘本为例，提出了讲读的建议，并提供了阅读实验中对儿童阅读的观察和发现，为实践中亲子阅读和教学提供了借鉴。通过实践，作者指出绘本阅读对提高学生表达能力的帮助。

王林和余治莹合编的《绘本赏析与创意教学》一书，以多元智能理论为依托，精选了优质绘本，设计创意学习单、多元教学活动，为幼儿园和小学教师将绘本引入课堂提供了非常有创意的教学借鉴，通过绘本阅读，能有效提高学生的表达能力。

3.来自语文教师的观点

武振莹在《通过小学低年级语文绘本阅读提高学生写话能力的策略》一文中，提出了绘本阅读对提高学生表达能力的具体的策略，可以通过培养写话兴趣、读图写话、写出想法等多种途径培养学生的表达能力。

旷姣在《儿童绘本在小学低年级语文教学中的应用研究》中，提出儿童绘本应用于写话教学的策略分别是：

①发挥想象，补白文本；

②抓住规律，仿写句子；

③拓展思维，续编文本；

④借助图画，描绘故事。

刘海荣《小学语文绘本阅读教学策略》一文，提出的阅读教学策略有：

①推测猜读，激励乐趣；

②多项连接，提高重点；

③大胆推理，丰富想象；

④找出重点，主次分明；

⑤拓展活动，丰富多彩。

顾惠晴《"绘"开"话"朵香满园——低年级绘本作文启蒙的研究》一文，针对绘本作文提出三个可行的办法：

①读"绘"出趣；

②学"本"出话；

③创"绘"写"本"。

李巧燕的《让绘本说话，让写话生动》一文，提出绘本促进写话的两个方法：

①吸住眼球，唤起童心；

②授予方法，笔下生花。

二、绘本阅读促进语言表达实施策略

1.利用绘本阅读激发学生的想象

好绘本创造了一个幻想的真实的世界，一种高尚快乐的体验世界。在这个幻想的世界里，孩子的心灵是自由的、舒展的，因而想象力也是无限的。于是，当我们引领孩子徜徉其中，简明的文字与细腻浪漫的图画就使孩子的想象力与创造力得以自由驰骋。

《夏天的天空》就是这样的作品。这是一本"无字书"，作者用明快的笔触描绘了天空千变万化的云朵。一对姐弟和两条狗奔跑在一望无际的草地上，尽情地嬉戏玩耍。天空变幻莫测的白云，引发了孩子们的想象，从模糊的云的形状中看出各种各样的动物、船只、火车以及武士，仿佛在演绎着一出又一出的故事。作者用栩栩如生的图画描绘着孩子的梦想，孩子被作者奇妙的想象力吸引，深深地沉醉在这温暖而广阔的大自然中，勾起人们对美好梦想的深深渴望。

　　教学中，老师带领孩子们反复阅读绘本。随着画面的展开，图中的云朵千变万化的造型吸引了孩子们的目光。再仔细阅读，那些变幻的造型背后，还有着神奇的故事，这更加引起了孩子们的浓厚兴趣，纷纷被天空云朵的精彩表演吸引而痴迷。就这样，老师与孩子们边读图，边发现，边讲述，读完后，老师引导说：

　　天空中的云朵呀，每天都在表演。无论你身居沙滩、草原，还是大海，还是在早晨、午后、傍晚，只要你一抬头，就会看到他们的演出。来吧，孩子们，拿出我们的笔和纸，描绘表达你心中的云朵吧！

　　孩子们笔下的云朵故事，真是丰富多彩，有滋有味，有声有色。如：有的孩子的眼中的云朵是一杯甜甜的果汁，旁边还有一块云朵面包呢！这是一份多么美味的云朵早餐啊！更有童趣的是果汁杯沿上还有一颗星星，亦真亦幻。文字沿着云朵杯的边缘"行走"，神奇的想象浸润在创意的表达之中。

　　还有的孩子的画面色彩明快，蔚蓝的大海上帆船点点，小舟荡漾，霞光映红了水天交接之处，营造了一幅美好的画面。孩子的画面中，有美景；文字表达中，则有美味。

　　还有的孩子用简单的线条，以四幅漫画的形式，勾勒出夏天云朵变化的过程。文字叙述里，我们品到了味道——棉花糖；有造型的变化——变成小绵羊，变成小猪；这个变化是"渐渐地"——略带梦幻神奇；还有明丽的色彩——"太阳公公给云朵穿上了一件金色的外衣"。这样的表达很有立体感，有美感，还童趣盎然，难能可贵。

　　许多优秀的绘本，充满了悬念，给人以意外惊奇之感，而有的作品充满神奇的想象，带读者进入一个全新的世界。这正契合了小学生的想象特质，学生想象的热情被点燃，写话的兴趣自然热情高涨。

2.通过读图提升学生的表达能力

　　绘本中的图画，不同于一般的图画，它承担着表情达意，叙事的功能。

从绘本的图中，我们能够读出人物内心的思想、情感，能够读出环境的安静与紧张，能够读出故事情节的细腻变化……教学中，如果我们能够抓住绘本中鲜活的图画语言，引导学生用语言文字进行有序的、准确的表达，会收到很好的语言训练效果。

《14只老鼠的秋天进行曲》中有一幅画面，描绘了老鼠全家出动，去森林采摘果实的情节，丰富生动。教学中，老师引导学生描述老鼠们拿东西的各种动作，孩子们通过观察，在生动的画面启发下，生动的语言会呼之欲出，脱口而出。

又如《想吃苹果的鼠小弟》中，鼠小弟来到苹果树下，眼巴巴地望着树上又红又大的苹果，馋得口水直流。袋鼠来了，轻轻一跳，摘到苹果，鼠小弟拼命地向上跳，也没法够得着树上的苹果。长颈鹿来了，抬起头，轻而易举得到苹果，鼠小弟拽着自己的脖子使劲拉，却无法拥有像长颈鹿那么长的脖子……动物们摘苹果的动作画得有趣传神。让学生根据"图语"，用文字写下来，同样可以写得精彩有趣：犀牛狠狠地撞树干，树干被撞弯了，苹果"咚"的一声掉在地上，犀牛吃着香甜的苹果大摇大摆地走了。鼠小弟也学着犀牛的样子撞树干，被撞得眼冒金星，鼻青脸肿，头晕眼花，可是大树纹丝不动，苹果也没掉下来。学生能写出如此具体生动的句子，得益于图画的帮助，使得学生用文字表达起来较为容易。

再如《好朋友》中，有这样的情节：每天早上，公鸡咕咕负责叫醒农场里的所有动物，小老鼠强强和小猪波波在一旁帮忙。强强和波波怎么帮忙呢？答案在画面中：小老鼠强强双手抡起锤子，对着铁罐敲打，这声音该有多吵啊！小猪波波吹着金黄色的小喇叭，那声音该有多大啊！难怪老牛被惊得睁大了眼睛。好朋友在一旁帮忙的情节，生动有趣，读到这儿，一定会给读者带来美好的阅读体验。我们在阅读绘本时，能够引导学生观察画面有趣的细节，进行适当的延展，把小老鼠强强和小猪波波的帮忙细节写下来，也是很有趣的读写体验。

绘本的画面有趣生动，隐藏着呼之欲出的语言，贴近学生心灵。教学中，如能巧妙引导学生观察，文字表达水到渠成，学生很容易写好。

3.通过绘本主题提升学生的表达能力

经典绘本之所以受学生喜欢，一个重要的原因是绘本所表现的主题，非常接近学生的生活，极易引起学生心灵的共鸣。于是，在绘本阅读中，学生进入一种阅读自我生活的状态，绘本的主题会引发学生想起自己的故事，这些被绘本激活的生活经验或者个人故事将成为学生写话的活水资源。

很多学生都喜欢玩捉迷藏游戏。在阅读《艾玛捉迷藏》这本书时，他们能从中找到游戏的快乐，能从中找到自己的生活，能够把书中的情节与他们的生活建立起联系。读完这本书，教师可以启发学生表达自己的捉迷藏游戏。

例如，有个学生画了一幅绘画，作品中，两只小鸟在天空自由飞翔：一只是鸟妈妈，体型略大，另一只是鸟宝宝，体型略小。他们占据画面的中央。玩捉迷藏的两位主角在画面下方。一个藏在草丛里，只露出小脑袋来，这个细节形象地反映出学生把自己藏起来，不让同伴找到的心理。远处，画面的右下角，同伴东张西望、一脸好奇的表情，描绘了找不到同伴的无奈。文字表达简练清晰："我和汪某龙玩捉迷藏。我躲在草丛里，汪某龙没找到我。"

还有一个学生用画面表达了"小象"和"我们"玩捉迷藏的不同情景。画面左边，小象在一条弧线的隐蔽下藏起来，但没有逃过小鸟的眼睛，小鸟仿佛张大嘴巴喊："我找到你了!"画面右边，是玩捉迷藏的"我们"，画面丰富。学生们在一个小象造型的游乐场内，有的藏在高处，有的藏在角落，玩得不亦乐乎。貌似互不相关的两个玩捉迷藏的世界，在文字表达中有了联系：我和我朋友一起玩捉迷藏，小象也一起玩，大家很高兴。

一幅图文并茂的表达画中，学生可以打通阅读与生活的界限，把绘本阅读与自己的生活紧紧地联系在一起，对读写启蒙，价值不言而喻。

4.通过绘本语言的学习提升学生的表达能力

经典的绘本，其语言的精妙，是学生学习语言最好的范例；其巧妙的构思，给予学生启迪。有的绘本，作者在结尾处，会埋下一个伏笔，有种"书外有书"的感觉，留给读者无穷的想象空间。因此，我们要利用绘本中这样的资源，或仿写，或扩写，或续写，让绘本结尾处的余音在读者的创意下，荡漾开去。

英国的绘本大师安东尼·布朗用孩子的口吻和眼光来描绘一位既强壮又温柔的爸爸，其语言最大的特点就是运用大胆的夸张手法，文中这样的句子随处可见，如：

这是我爸爸，他真的很棒！

我爸爸什么都不怕，连坏蛋大野狼都不怕。

他可以从月亮上头跳过去，还会走高空绳索（不会掉下去）。

他敢跟大力士比赛摔跤。

在运动会的比赛中，他轻轻松松就跑了第一名……

学生读完《我爸爸》一书，有学生也用夸张的笔法写道：

我爸爸生气时，两眼直冒火，那火仿佛能把世界变成废墟；

我爸爸高兴时，嘴巴笑得比犀牛嘴还大；

我爸爸非常强壮，能把我高高举过头顶。

学生被《我爸爸》文中那个亲切、有趣、可亲、可敬的爸爸形象感染，他们阅读后的精神状态是放松的、愉悦的。此时，让学生写自己的爸爸，他们心目中的爸爸和自己爸爸的形象互相对接，变得生动活泼，不再是一个格式化的爸爸形象。

学生笔下有幽默的爸爸、"贪心的"爸爸、爱发脾气的爸爸、电脑迷爸爸、丢三落四的爸爸、糊涂蛋爸爸、帅气的老爸、我的"坏"爸爸、"双面人"爸爸、"厉害"的爸爸……

我们还可以引导学生在读了绘本之后进行续写训练。例如，续写《南瓜汤》：

鸭子说："我要吹风琴！"

猫很凶地说："不行，我们要像以前一样来唱歌。"

"我不要住这里啦！"鸭子伤心地说。

"等我们收拾好啦，你会回来的。"

可是，鸭子一早上没回来。于是，猫和松鼠等了长长的一早上。

猫和松鼠决定去找鸭子，他们去那黑黑的森林里，猫说："鸭子已经找到了更好的朋友了。"他们只能回家了，他们看见家里的灯正亮着呢。"一定是鸭子！"两个朋友兴奋地说。

他们看到鸭子正在吹风琴，虽然已经很晚了，但是他们还是决定再演奏一次。

绘本中有着得天独厚的资源，天马行空的创意，丰富多彩的主题，千姿百态的"图语"，优美经典的文本，在教学实践中，利用绘本中丰富的资源，引导学生用"图语"和文字相结合的表达方式，进而发展学生的语言表达能力，会收到很好的教学效益。

5.通过创作绘本提升学生的表达能力

松居直说：手工绘制的图画书在很久以前就开始出现在世界各地，其中，大多数只在孩子们的心中埋下一颗快乐的种子，然后就从这个世界消失了，就像来自那个星球的小王子那样……但是，在孩子们的心中，那颗快乐的种子会不知不觉地生根发芽。无论在什么时代，打动孩子们的心灵都是一件非常快乐的事情，因为孩子们是希望，是未来。[①]松居直曾经和他的孩子们一起自制图画书，从编故事到绘画，孩子们亲力亲为，松居直将孩子们自制的两本图画书装订留作纪念。

---

① 松居直.我的图画书论[M].郭雯霞,徐小洁,译.乌鲁木齐:新疆青少年出版社,2017:23.

自制绘本，对学生来说，可能是一笔宝贵的财富。首先，绘本为学生的想象提供了良好的路径，绘本故事是学生自己编写的，可以锻炼学生的写作能力以及逻辑思维能力，激发学生的创作；其次，学生自主设计图画，给故事配上插图，运用各种绘画技能，有利于培养学生的审美能力；最后，自己制作的绘本能够被装订成书，满足学生的成就感意识，会激发写作兴趣。

但是从编写故事到绘制插图再到装订，是复杂的过程。教师精力、时间有限，如果任由学生自编故事、自主绘画，教师不方便指导，无法保证自制绘本的质量。因此教师可以读写结合，在读绘本的基础上指导学生制作简短绘本。

教师可根据学生的认知水平、思维特点以及知识经验，选择一个主题，一个主题下计划 3 — 4 册绘本，全班使用统一画册。从文字、图画或者故事的角度选好写话切入点，先进行绘本阅读教学，在合适的写话点，引导学生写话，并且根据写话内容绘画。每个主题 3 — 4 册绘本，学生们就能创作 3 — 4 篇短小的写绘作品，按照主题排列写绘作品，一段时间过后，每个学生就能拥有一册绘本。

如"传统节日"的主题，我教学时，在结合我校举办庆元宵活动的基础上，有个学生创作了《有趣的元宵节》这一绘本，图文并茂，描绘了元宵节的习俗，如吃汤圆、猜灯谜、做花灯等，通过丰富的想象，把这些过元宵的情景都描绘了下来，并配上文字，变成了有趣的绘本。创作绘本，可以有效地提高学生的表达能力。

实践中，教师引导学生用图画和文字共同表达一个主题，尝试"创作绘本"，我们把学生创作的"书"，称之为"原创绘本"。学生投入其间，乐此不疲，"原创绘本"制作完成的时候，学生的快乐溢于言表。这些原创绘本，造型多样，活泼有趣，简单易学，再配上图文，有独创的味道；既重形式，又重内容，读写效果甚佳。

6.通过读绘本构思故事提高学生的表达能力

完整的故事叙述缩小了学生的想象空间，此类看图写话重点考查学生的观察能力、读图能力和表达能力，需要学生根据画面进行完整、流畅、生动的描述。

儿童心理学研究显示，小学低年级儿童的观察力需要提升以下特性：①精确性，低年级儿童观察水平很低，不能表述细节；②目的性，低年级学生注意力集中时间较短，对于目标观察也易出现偏差；③顺序性，缺乏区分主角与背景的能力，较易忽视图中有意义的特征；④判断力，低年级儿童对所观察事物做出整体概括的能力很差，表述往往缺乏逻辑性，想到哪说到哪，内容较为零散。①因此，教师执教此类看图写话时，要对以上特性进行针对性训练。

以《小兔子躲雨》为例，图片中已经将故事讲述完整，不需要学生猜测小兔子是用了何种方式躲雨，也不需要考虑小兔子躲雨是否成功等问题，故事的前因后果在图片中已完整呈现。此类看图写话，旨在考查学生能否理解图片内容，能否进行有效的表达。这幅图可以提供以下几个问题的答案：图片描绘了一件什么事？小兔子想到什么办法来解决难题？他是怎么想到的？兔子妈妈对他的想法怎么评价？面对类似的问题，也可以选择同类型的绘本《蚂蚁和西瓜》进行类似教学。

《蚂蚁和西瓜》主要讲述的是夏天的一个下午，四只蚂蚁发现了一块大西瓜，叫来同伴一起搬运，但是西瓜太重，根本搬不动，他们想了很多办法，最终成功地把西瓜搬回了家。这个故事对于低年级学生并不陌生，通过绘本阅读，大部分学生能够明白故事的主要内容，并进行不同程度的复述。教学过程中，首先可以让学生根据观察用自己的话概括整个故事，在此过程中进行适当的点评与引导，帮助学生将起因、经过、结果叙述完整，避免说漏说错。在此基础上，通过具体的图片细节，引导学生将故事描绘得更生动。如：蚂蚁们是怎样想到将西瓜分成小块进行搬运？搬运过程中他们有怎样的表现？教学中不仅需要调动运用学生所积累的词语进行表达，训练逻辑思维与表达能力，还需要让学生说出丰富故事情节的细节依据，例如将西瓜分割成小块

---

① 朱智贤.儿童心理学[M].北京:北京师范大学出版社,2002:316.

搬运，是因为跟蚂蚁窝大小相似，蚂蚁窝也是将土地分割成小块进行建设等。绘本阅读结束后，返回原有的看图写话《小兔子躲雨》中，寻找二者的共通处，进行适当的迁移，完成以绘本促看图写话的教学目标。

以绘本为例，此后对《小兔子躲雨》的故事叙述，会更加得心应手，同时也是对记事类看图写话技巧的进一步巩固。以绘本作为看图写话的支撑材料，首要条件是二者之间具有共通性，上述列举的绘本与看图写话图片有诸多相似之处。首先，均是生活化的故事，故事情节完整。蚂蚁躲雨是生活中经常出现的小场景。其次，都需要进行细节观察，例如解决问题的契机，蚂蚁和兔子的心情等，对观察能力均提出了一定的要求。题材类型相似，教学目标大体相同，绘本作为写话的"样本"，让学生得到有效训练。

另需注意，具体教学中教师要权衡绘本的教学比重，防止过于偏向绘本，本末倒置。执教过程中还需要注意二者的过渡与衔接，防止割裂二者的现象发生。过渡语是其中的一个重要桥梁，以《蚂蚁和西瓜》为例，在绘本和看图写话教学切换时，教师可以这样说："蚂蚁用自己的智慧将西瓜搬回家，动物森林里还有一位聪明的小动物也用自己的智慧解决了难题，大家快跟着老师一起去看，到底是谁的小脑袋这么灵活吧。"将教学内容巧妙迁移，教学重点圆满过渡。

第五章

"悦图乐园"的实践操作

第一节 从"快乐读书吧"到"绘本阅读吧"

语文教材里有"快乐读书吧"栏目，该栏目能很好地指导学生的课外阅读。以二年级的"快乐读书吧"为例，阅读的主题是读童话故事或儿童故事，恰好很多绘本就是这样的。

一、"快乐读书吧"对绘本阅读的启示

（一）"快乐读书吧"栏目的特点

我们以二年级上册为例，该册的阅读主题是"读读童话故事"。

这一册要学习的是《没头脑和不高兴》这个有趣的故事。课本介绍该故事的主要内容，以此来唤起儿童阅读的兴趣。课本中对学生的阅读有明显的阅读提示，即看书要看封面、作者和书名。在看书的过程中，要注意爱护书，读完及时收好，不要弄脏。教师还推荐阅读其他的故事，如《小鲤鱼跳龙门》《孤独的小螃蟹》《一只想飞的猫》《"歪脑袋"木头桩》《小狗的房子》等。

又以二年级下册为例，该册的主题是"读读儿童故事"。这一册的导语就很有意思，先是向我们列举了故事中孩子的个性特点，以及生活的经历，还有让人意外的奇遇……一下子就抓住了儿童阅读的兴趣。教材中所举的例子都是比较有趣的、孩子喜欢读的。通过《大头儿子和小头爸爸》的例子，告诉学生：看书的时候，要学会看目录；目录告诉我们书里主要写了什么，要读的内容从哪一页开始。教材还推荐阅读《一起长大的玩具》《神笔马良》

《愿望的实现》《七色花》等。

另外，教材安排了"我爱阅读"栏目。因此，"快乐读书吧"、课文学习和"我爱阅读"三位一体，目的是引导学生学习阅读短小的故事集，体会阅读整本书的特点，感受阅读整本书的趣味。

（二）"快乐读书吧"对绘本教学的启示

在教学中，我们不能对"快乐读书吧"栏目以单一、死板的教学方式进行简单授课，更不能"蜻蜓点水"式教学。我们要注意语文要素的落实，而且要注意课外阅读的拓展。

首先，绘本阅读要渗透阅读方法的指导。二年级"快乐读书吧"的目标很明确，就是要让学生学会目录检索和阅读，对孩子提出了较高的课外阅读的要求。在教学的过程中，我们应教会学生在阅读时要关注书的封面、书名、作者、目录，教会学生养成爱护图书等阅读的好习惯。教材很重视教儿童读目录，我们应该让孩子懂得：为什么要先读目录，目录告诉了我们什么，从目录可以找到自己想读哪一页。因此，在绘本的教学中，我们要把这个语文要素渗透到位。教会学生方法，就要让学生学会自主阅读，这是"快乐读书吧"栏目设置的目标之一。我们一定要教会学生掌握阅读的一些基本方法，这样才能使学生运用这些方法去阅读更多的书，从而提高学生的阅读素养，培养学生的语文能力。例如，二年级下册的《大头儿子和小头爸爸》，在插图中出示了目录第一页的内容。这对学生提出了明确的阅读要求：能根据目录检索信息，通过目录了解书本的内容。那如何落实"学会读目录"这一阅读要素呢？我们可以通过让学生先找到目录，然后观察目录，说说目录有什么特点；接着，让学生进行实践，通过目录找到故事的页码，并把故事读出来；最后，让学生明白目录的作用。同样，我们在指导学生进行绘本阅读的时候，也要给学生渗透阅读的方法。

其次，"一篇带一本"地阅读。例如，二年级上册"快乐读书吧"提供了5个童话故事，教学中以《小鲤鱼跳龙门》的片段展开，让孩子感受小鲤鱼的

"奇遇"之趣。接着，教师择取其他4个童话故事中有关主人公"奇遇"的段落引导学生阅读。在对比中，学生发现童话故事总是极具想象力的，主人公会有意想不到的"奇遇"。在课后，围绕"奇遇"这一关键词，师生展开对带有"奇遇"色彩的童话故事书《神秘谷》的共读活动。读一篇故事就好比在孩子的心间播下一粒阅读的种子，教师的引导、同伴间的分享都会让它慢慢发芽。孩子会带着浓厚的兴趣去读整本书，甚至是一系列书。

"快乐读书吧"的教学，既落实了语文要素，又教给了学生方法，从而通过教材，引导学生阅读更多的书，使阅读从课内走向了课外，为我们更好地指导学生进行绘本阅读提供了参考。

二、绘本阅读吧：基于"快乐读书吧"的新尝试

"快乐读书吧"为学生打开了阅读的空间，激发了学生的阅读兴趣，促使学生的阅读从课内走向了课外，从而阅读更多的书，培养了学生的阅读素养。在"快乐读书吧"的启发下，我们启动了学校"绘本阅读吧"的尝试，希望能以此推动儿童阅读，推进学校书香校园的建设。所谓"绘本阅读吧"，就是绘本阅读推广和教学的平台，包括绘本阅读课、绘本阅读吧、绘本故事会、公众号推广平台等。

（一）从"快乐读书吧"到"绘本阅读课"，渗透阅读方法

为了落实"快乐读书吧"的语文要素，笔者在做绘本推广的时候，执教了多节绘本阅读课例。通过这些课例的教学，落实语文要素，渗透阅读方法，培养学生的语文核心素养。

例如，在教学绘本《我的快乐的一天》一课时，我会引导学生先观察该书的封面、书名和作者，并引导学生一步一步地推测故事情节的发展，训练学生的表达能力。在这个过程中，老师和学生一起读绘本，教给学生读绘本的方法，让学生学会自主阅读，这是绘本阅读课上学生最大的收获。

在这一节课中，我还引导学生去思考，如果是你，遇到小猪这样的情况，你会想办法吗？你会想什么办法？从而打开了学生的思维空间，培养了学生的发散思维能力和语文能力。

又如，在《我妈妈》一课的教学中，我会引导学生去想象："你的妈妈还可能是什么？"学生想象力丰富，有的说是超人，有的说是厨师，有的说是一只狮子，有的说是一只老虎……学生不仅想象，还给出了合理的理由。这个过程正是学生真正学习的过程，因此，在绘本阅读课上，我们要引导学生思考，教给学生方法，落实语文要素，从而增强学生的语文核心素养。

（二）从"快乐读书吧"到"绘本阅读吧"，走进更多的绘本

为了让阅读从课内走向课外，落实"快乐读书吧"的要求，我校创设了良好的绘本阅读环境，开展了"走进绘本"活动。我们把楼道墙面很好地利用了起来，将不同类型的绘本、经典绘本封面插图制作成主题为"绘本向我们走来"的图片画面，让学生在楼道间就能感受绘本就在自己身边；利用教室图书角创设了书香阅读区，定期更换绘本，便于学生在学校随时阅读自己喜欢的绘本书，每班设置的绘本阅读区，供学生自主阅读，学校投放大量的绘本系列丛书，如恐龙系列绘本，每班每周阅读一次；我们还鼓励亲子阅读，倡导父母和孩子利用双休日和节假日一起共读喜欢的绘本。我们坚信绘本阅读一定能走进孩子、教师、家长的学习、生活和心灵，坚信阅读能使人生更加美丽。

我们还借助图书室和开放书吧，提供图书让孩子定期阅读和在游戏时自由阅读，通过不定期更换绘本，丰富学生的阅读内容。推荐墙上则选择经典绘本导读，如《猜猜我有多爱你》《我妈妈》《母鸡萝丝去散步》等，定期向家长、老师推荐关于绘本的资料。学校教学楼楼道里的墙面上都有学生绘本读写作品，每天下课总能看到三三两两的学生在一起阅读，孩子们专注的神情和轻言细语总会带给我们无数感动。浓浓的绘本阅读风让孩子们感受到了书的存在，感觉出了书的趣味，感知到了书的意义。

（三）从"快乐读书吧"到"绘本故事会"

从上学期开始，我们组建了"向日葵故事会"，每个星期举办活动，带领学生读绘本故事。活动前，我们都会举行抢票活动，由于活动过于热门，票往往都是秒光。开展"向日葵故事会"的宗旨是让孩子喜欢阅读绘本，养成良好的阅读习惯，教师如何引导是关键，因此我们要求课题组成员在让孩子阅读绘本前，教师要先读懂绘本，在教学前要精细阅读，挖掘绘本的教育内涵，对绘本中心主题的确立、对绘本教学方法的选择、对绘本内容的提问、对绘本独特风格的赏阅等方面进行重点思考，同时作为活动评价的重要指标之一，对每期"向日葵故事会"的绘本实践活动，我们要求备详细教案，求"深"。对课题研讨活动，我们求"精"，能作为公开活动的备选案例，能随时参与各级各类活动方案设计的评比。我们至今已经开展了多期故事会活动，深受学生和家长的欢迎。

（四）从"快乐读书吧"到公众号绘本推广平台

学校公众号平台，开设了许多栏目，其中有个栏目叫"名师伴读"。我校语文科组积极推进绘本阅读的推广，利用这个栏目平台，向全校师生及家长推广绘本阅读，例如，笔者在"名师伴读"栏目中向全校师生及家长推广绘本《外婆变成了老娃娃》《米莉的帽子变变变》等。科组成员陈素文老师推广绘本《彩虹色的花》，李素梅老师推广绘本《大脚丫跳芭蕾》等。这些举措，让学生在校看绘本的同时，还能在家通过手机等多媒体听绘本，这不仅激发了学生的阅读兴趣，还让阅读真正融入了学生的生活，使学生感受到阅读无处不在。

在制作"名师伴读"栏目的时候，我们和学生一起读绘本，讲绘本故事，一起学习绘本，品味绘本故事带给孩子们的丰富内涵。回到家中，家长也可以通过我们的"名师伴读"栏目和孩子开展亲子共读，使阅读效果更加明显。

三、"绘本阅读吧"的快乐阅读

要让孩子感受到阅读的快乐，这也是"快乐读书吧"的应有之义，我们也要让"绘本阅读吧"在孩子们的心中生根，通过绘本阅读的推广，让孩子从小种下热爱阅读的种子。为此，通过"绘本阅读吧"的平台，基于读书会的形式，我们构建了绘本阅读教学的操作模式。

（一）"绘本阅读吧"的操作环节

首先，教师指导学生阅读，是从选书开始的。选书是阅读的基础，没有选书，也就无阅读可言。

其次，当孩子有书可读之后，教师的导读是帮助孩子提升阅读效率的重点。在老师的指导下，通过教师的循循善诱，指导学生阅读的方法，使学生读得更深入，提高了阅读的实效。

再次，阅读成为关键的环节，除保证充分的阅读时间外，还需要有一个能让人专心而不被打扰的场所。因此，我们有必要给孩子提供一个适宜的阅读环境，让他们有固定的阅读时间，并能心无旁骛地阅读。这里的阅读方式，包括自己独立阅读，也包括大人读给孩子听。

最后，回应是阅读活动中非常重要的一环，这个环节是最容易被人忽视的。任何人在阅读后都会有反应的，这个反应可以是交流、讨论的方式，鼓励孩子对所阅读的书表达自己的感受和看法。教师注重让学生把自己的收获写下来，或者画下来，从而提升学生的语文素养。

（二）"绘本阅读吧"的群体阅读模式

我们所构建的这个"绘本阅读吧"是倡导群体阅读模式的。所谓群体阅读，是区别于自主阅读的，以故事会的形式出现的阅读组织形态。群体阅读的最大优势在于：读者与读者之间的交流，会形成多元化思维的碰撞，激发表达的内需动力。

群体阅读的主要形式有家庭亲子阅读、同伴共读（也叫故事会、读书会），以及课堂共读。亲子阅读可以在家庭中进行，同伴共读和课堂共读可以在学校课堂、图书馆中进行。这三种阅读方式可以互相补充、互相促进。

群体阅读开展得好，有助于形成良好的阅读氛围，形成具有吸引力的读书交流机制。依靠氛围和机制的凝聚力量，让阅读真正走进孩子心里，让阅读交流、表达成为阅读的组成部分。因此，群体阅读循环圈的建设，是"绘本阅读吧"研究的一个核心项目。

总之，我们希望通过"快乐读书吧"的教学延伸到课外，构建"绘本阅读吧"，探索一条指导儿童快乐阅读绘本的有效途径，从而更好地培养儿童的阅读素养，更好地落实统编教材"快乐读书吧"栏目的要求。

第二节 "和大人一起读"

语文一年级教材设置了"和大人一起读"的栏目，其核心目标是培养孩子的阅读兴趣。无功利性、无压力是它的重要特点，也是衔接幼小、引导学生由口语向书面语过渡的重要桥梁。它既体现了当今语文教学的要求：尊重语文教育基本规律，合理有序地安排教学内容，又注意吸收课程改革的经验，重视学生整体素质发展，以学生为主体，引导学生学会学习，注重语文积累和语感培养，构建由教读、自读到课外阅读三位一体的阅读教学体系。

如何给孩子一个平台，让孩子爱上阅读呢？

一、搭建平台，营造共读氛围

我校积极推进书香校园建设，启动了"深度阅读"的教改实验，教师们达成了"推进课外阅读，提升儿童语文素养"的共识。为此，班班都行动起来，积极营造阅读的氛围，每个班都有图书角，还进行了精心的布置，吸引学生借阅图书。有了阅读的环境，接下来，就是推进课外阅读活动的开展，我们做了很多尝试。以语文教材一年级"和大人一起读"栏目为例，我们积极搭建平台，营造共读的氛围。

1.师生共读

通过对"和大人一起读"栏目的归类，我们初步确定：能促进学生形成语文素养的童话、儿歌等，可以由教师领着学生共读。

例如,《小松鼠找花生》是一篇有趣的童话故事,老师可以在课堂上领着学生共读。老师以讲故事的形式,通过生动的讲述,吸引学生的阅读兴趣,让学生感受文字,学习朗读。课堂上,我们还可以打开学生的思路,引导学生思考:"是谁把花生摘走了,你们知道吗?"在学生回答后,引导学生大胆地想象,续编故事,丰富故事的情节。

2.伙伴引读

也就是让中、高年级的孩子带着一年级的小朋友共读。我们可以选一些有趣的绘本故事,由中、高年级的孩子和一年级的小朋友一起读,他们会更有兴趣,读得兴高采烈。

例如,在教学《大卫上学去》这个绘本时,老师可以让两个四年级的孩子走进一年级的课堂,一起读这个绘本故事。这样,有伙伴的引领,更容易激发学生的阅读兴趣。

3.亲子共读

亲子共读是我们一直努力的方向,目的是在家中营造共读的氛围,使孩子在课后能养成阅读的习惯。因此,老师可以将"和大人一起读"布置成作业,让家长在老师的指导下陪孩子一起阅读。家长可以把孩子共读的照片发到QQ群、微信群里,或者发到朋友圈里,或者单独发给老师,以此鼓励孩子阅读。

另外,除了课本上的阅读内容以外,在家庭中,还可以拓展阅读的内容,家长和孩子一起读绘本,一起读儿歌,一起读童话……使家庭读书的氛围越来越浓厚,从小培养儿童阅读的兴趣。

老师还可以邀请一部分家长走进课堂,让家长来给孩子们上阅读课。为了提高亲子共读的实效,我们还邀请了胡红梅和李敏君等名师过来做亲子阅读的讲座。

二、借助平台，教会学生阅读

搭建了平台以后，我们借助这个平台，教会学生阅读，使"和大人一起读"栏目收到更好的效果。

1.读为主线，适当交流

"和大人一起读"，"读"应该是贯穿始终的，"读"是第一要务。我们要让孩子在读的过程中养成习惯，习得方法和能力。因此，我们要以读为主线，采用各种方式读，例如，可以学生自由读、大声读、默读等；也可以是老师或家长范读，作出示范引领，读得生动有趣，读得感情丰富，读出人物对话的变化，这样才能更好地吸引学生的兴趣；有时候，我们还可以鼓励学生朗读，可以采用评奖、点赞、制作朗读者音频等方式激发学生读书的欲望。

光有读还不够，还要适当交流，让学生谈谈读书的体会和收获。例如，《夏夜多美》这篇阅读文章，在学生读完后，老师可以和学生一起交流，谈谈故事中的角色，问学生："你喜欢文中的谁？为什么？"学生有的说喜欢睡莲，因为睡莲把小蚂蚁救了上来；有的说喜欢蜻蜓，因为蜻蜓帮小蚂蚁回家；还有的说喜欢萤火虫，因为萤火虫给小蚂蚁照明……这样的阅读多有意思呀，学生不仅读懂了文本，还体会到了文中角色的形象，读出了自己的体会，这样就会有更大的收获。

2.开展活动，形式多样

"和大人一起读"，是无压力地阅读，是为了让孩子爱上阅读。因此，教师需要多开展一些阅读的活动，使该栏目的学习活动化，让孩子轻松地爱上阅读。

这个栏目两个学期一共有16篇阅读文章，体裁多样，可以开展形式多样的阅读活动。例如，"演一演"的活动，当读到《拔萝卜》《狐狸和乌鸦》等故事时，可以让学生参与表演；"唱一唱"的活动，当读到《小兔子乖乖》

《孙悟空打妖怪》等儿歌时，可以让学生唱出来，更有趣味；"比一比"的活动，读绕口令《妞妞赶牛》时，可以让学生比一比，看谁读得快、读得好，评选出优秀的朗读者，给予奖励；"讲一讲"的活动，当读完某个童话或寓言故事后，可以让学生讲一讲，评选出班级的"故事大王"，激发学生阅读的兴趣。

三、展示平台，分享阅读快乐

除了指导学生阅读以外，我们创设各种展示的平台，让学生有更大的阅读收获，帮助学生分享阅读的快乐，激发他们阅读的兴趣。

1.校内展示，激发阅读的动力

在学生阅读之后，在校内举办"和大人一起读"展示活动。

我们可以以班级为单位，把学生制作的绘本、绘画配文字作品、手抄报、好书推荐卡、亲子阅读相片等，粘贴在一年级教室走廊两侧的墙壁上，或者粘贴在班级后面的黑板报上。还可以举办"和大人一起读"阅读分享会，邀请家长一起参加，家长和孩子各自说说阅读的体会，现场朗读，或者复述《和大人一起读》中的故事，说说故事中的人物或者情节，谈谈读书的收获等。家长还可以和孩子一起朗读、一起表演故事的情节、一起制作分享微视频等。

2.网络展示，扩大影响面

我们可以让家长参与进来，提供亲子阅读的照片，一起制作亲子阅读微视频或美篇等，结合亲子阅读的感悟、简单绘本创作等内容推送到网络上，包括学校网站、微信公众号、家长朋友圈等，扩大影响面，让更多的人关注，形成共读的良好氛围，激发更多的家长参与亲子共读，使"和大人一起读"这种活动发挥更大的影响力。

3.《朗读者》，激励阅读

为了激励更多的学生爱上阅读，我们学校仿照中央电视台的《朗读者》节目，在微信公众号上推送《朗读者》音频。

这个栏目，由学生自己朗读，大人帮其录音，配上文字和相关的图片，发布在学校的微信公众号上。一年级的班级，可以由老师挑选出一两名学生，专门朗读《和大人一起读》上面的文章，在发布到微信公众号后，由老师发布到朋友圈，以及班级微信群，在班级中把相关的音频播放给学生听，并和学生一起读。

通过这样的方式，让学生有一种仪式感和荣誉感，激励学生，让学生爱上阅读。

4."一起读志愿团"

学生可以自由组合成几个小组，组建"一起读志愿团"，可以给这些志愿团取个名字，例如"蓝天""白云""小树苗"等。

在这个志愿团里，有一个团长，带着各自的组员经常在一起读，可以读"和大人一起读"中的内容，也可以读课外的绘本、诗文等。依托这个阅读志愿团，班级中热爱阅读的孩子开始聚在一起读书，随着"一起读"活动的推进，每个社团开展的阅读活动越来越活跃，形成了良好的班级阅读氛围。阅读志愿团的成员还可以各自交流阅读的体验，交流读过的书，让热爱阅读的孩子聚在一起，互相影响，互相促进，从而推动"一起读"活动的开展。

5."一起读"班级"十佳"评比与展览

我们制订"一起读"班级"十佳"评比活动方案，引导家长和孩子积极参与，评选十佳"阅读家庭"，评选的内容除了有照片，还有孩子和大人一起读的微视频，或者家长写的和孩子一起阅读的感受，以及孩子的绘画配文字的作品。老师可以把这些资源在家长会上进行展示，也可以在微信朋友圈、班级群里进行展示，以此鼓励更多的家长参与，引起家长们的重视，同时也是分享亲子阅读的快乐，展示交流经验。

四、拓展平台，实现阅读提升

拓展平台，也就是让学生在阅读的路上走得更远，通过这个平台，阅读更多的书，拓展到更广的空间。

1. "1+X"，扩大阅读面

"和大人一起读"每次的学习内容只是一篇文本，其意义在于引领孩子走向更广阔的阅读空间。因此，家长和孩子一起读的时候，可以进行适度拓宽。学无止境，每一篇文本衍生的文本还有很多。

例如，《三只白鹤》这个故事告诉我们遇事要善于动脑筋，注意事物的变化，才能把事情做好，达到预期的目标。这是一则寓言故事，我们可以引导学生读更多的寓言故事，体会它们的寓意，例如，读《掩耳盗铃》《井底之蛙》《揠苗助长》等。

又如，《剪窗花》是一首充满传统文化意味的儿歌，我们可以引导孩子们读更多的儿歌，类似于广东民谣《落雨大》《月光光》等。

还有其他的一些小故事，也可以找到相应的故事或短文，让孩子读。这样，孩子的阅读内容就逐渐丰富起来了。

2. 空间的拓展，扩大视野

学生阅读的空间不限于教室或家里。我们可以带着学生走进大自然，用耳朵去听，用心灵去感受，聆听虫鸣鸟叫，观看花开花落，感受阳光的轻抚与微风的轻拂。我们可以让孩子在自然中朗读，让人与自然相融，人与书本相亲，不仅仅是"和大人一起读"，而且还"和自然一起读"。

例如，在读《谁和谁好》时，可以把学生带入学校的植物园中，一起读：

"谁和谁好？藤和瓜好，他们手拉手，不吵也不闹。谁和谁好？蜜蜂和花好，蜜蜂来采蜜，花儿仰脸笑……"

孩子们一边读，一边感受自然的美好。在老师的引导下，孩子们看到大自然的生机勃勃，他们不仅会读了，还会创作了：

"谁和谁好？绿叶和花好，绿叶映衬着鲜花，花儿仰脸笑。"

3.遨游书海，感受阅读的力量

我们不能仅局限于语文课本，还要引导学生读更多的书，可以把孩子们带到学校或者社区的图书馆去阅读，感受书海的浩瀚，感受阅读的氛围与力量。

例如，在孩子们读了"和大人一起读"中的《拔萝卜》《猴子捞月亮》《狐狸与乌鸦》等童话故事后，我带着他们走进学校的图书馆，让他们在图书室里阅读绘本、童话故事书等。他们来到这么宽敞的书屋里读书，有这么多的书可以选择，他们高兴极了，静静地找到自己喜欢的书，开心地捧着书本读了起来。

博尔赫斯说："如果有天堂，天堂应该是图书馆的模样。"在美好的殿堂接受读书的洗礼，会成为孩子们美好的记忆。

英国儿童文学家艾登·钱伯斯认为：读者也是由读者造就的，一个从不阅读，或者缺乏阅读经验的大人，是难以为孩子提供协助的。"和大人一起读"，搭建了一个阅读的平台，拉近了孩子与教师、家长的阅读距离，营造了阅读的氛围，培养了孩子阅读的兴趣，拓宽了孩子阅读的空间，为全面提升儿童的语文综合素养服务。

第六章

"向日葵故事会"活动设计
案例选编

案例一 绘本《小甲虫的旅行》教学

[绘本内容]

在一片开满鲜花的大草场上住着一只小甲虫。一天，小甲虫看到一只大甲虫在天空飞翔，他好奇地跟了出去，离开生活的草场，开始了全新的旅程。一路上，他遇见了各种各样的大甲虫，有的转动着四只圆脚跑得飞快，有的会在水上漂，还有的会在水里游，他甚至和一只能用翅膀听别人说话的大甲虫交了朋友……原来大甲虫是一头大象。回到家的小甲虫，兴奋地跟朋友们描绘他的那个大甲虫朋友：他的鼻孔长在一根长管子上，他的屁股上有一根长长的触角……只可惜他不会飞。

[活动目标]

1.知识目标：通过故事，了解并认识一些事物的特征（小甲虫、飞机、汽车、轮船、大象等）。

2.技能目标：结合故事，引导孩子想象小甲虫还有可能看到了哪些事物，激发学生的想象力。

3.情感目标：通过故事与延伸，让孩子懂得成长是一个快乐的过程。

4.提高学生的交际能力和口头表达能力。

[活动准备]

1.绘本《小甲虫的旅行》。

2.多媒体：PPT；激光笔；投影仪；音箱。

3.活动工具：水彩颜料和美术用笔30套；A4卡纸30张；一些小奖品。

[活动过程]

一、导入部分

小朋友们，你们好！我是今天给你们讲故事的陈老师，欢迎大家来到我们的绘本故事现场。请伸出你们的小手，和老师打个招呼吧。（学生回应。）

讲故事之前，老师想说一个小小的规则。今天老师想给听得最认真、坐得最端正、回答问题最积极的小朋友颁发小奖品。大家想不想得到老师的奖品啊？那我们就开始今天的故事会吧！

今天老师将给小朋友们讲的绘本故事是《小甲虫的旅行》。小朋友们，暑假的时候，你去哪里旅行呢？谁来说一说。（引导学生说清楚和谁去的，去了哪里，看到了什么等，老师及时肯定和鼓励：你说得真完整、你说得真清楚、你说得真有趣。）

二、互动部分

刚才的小朋友说得都很好，现在咱们一起来认识什么是甲虫吧！

1.PPT出示，认识甲虫。

甲虫是鞘翅目昆虫的统称，鞘翅目昆虫，有35万种以上，是动物界中最大的目。鞘翅目昆虫主要特征是它们特殊的前翅，已变成硬的鞘翅，覆盖在能飞的后翅上。

2.地球上有哪些甲虫呢？学生汇报，师出示图片。

（如金龟子、天牛、象鼻虫、七星瓢虫等。）

三、绘本讲授部分

认识了小甲虫后，咱们来看一看今天的这个绘本故事是谁写的。

1.P1、P2介绍绘本名以及作者信息等。（P1表示绘本第1页，依次类推。）

（小甲虫去旅行，他会看到什么呢？让我们一起跟随小甲虫的脚步，一起去看看吧！）

2.P3，请学生找出小甲虫，引导学生从色彩方面说一说它的样子。

3.P4，找一找图上画出了哪些朋友，引导学生发挥想象：小甲虫可能还会有哪些朋友呢？

4.P5，引导学生观察画面：小朋友们，小甲虫和朋友们在玩什么游戏呢？

联系生活发挥想象：他们还可能会玩什么游戏呢？

6.P6，小甲虫看到的大甲虫是什么呢？他能追上大甲虫吗？（不能）

多可爱的小甲虫，他的想法就是这么简单。

6.P7，他已经飞出草场了。

7.P8，密密麻麻的石头森林是指什么呢？他看到什么了？

8.P9，他看到的大甲虫又是什么？（汽车）

我们都知道是汽车，可是小甲虫就认为他是只大甲虫呢，多单纯啊！

7.P10，会游泳的大甲虫又是什么呢？（轮船）

8.在水里游来游去的甲虫又是什么呢？（鱼）

多单纯的小甲虫啊，在他眼里，会动的事物可能都是甲虫。

10.P11，巨大的石头是什么呢？（引导学生看图：大象）

11.P12，小甲虫说的大翅膀是什么呀？（大象的耳朵）

12.P13，道别的时候，他们会说些什么呢？现在请你找台下的一位老师上来一起表演。一个扮演大象，一个扮演小甲虫，演一演他们的道别，好吗？请上台展示。

（引导学生进行有礼貌的道别，加上拥抱动作等。）

13.P14，用轻柔的声音读。

14.现在请小朋友们想一想：小甲虫会怎样向他的朋友们讲述他看到的事物呢？请学生上台讲一讲。

15.P15，大象嘴里的钳子是什么呢？（象牙）

长管子是什么？屁股上的触角是什么？大翅膀是什么？

瞧瞧，多有见识的小甲虫呀！你认为他说的这些，其他的昆虫们相信吗？（点名学生说。）

16.小甲虫的旅行有趣吗？现在请你们想一想，小甲虫在旅行的过程中，可能还会把什么看作是大甲虫呢？

17.小甲虫就是在旅行中快乐地成长着，就像你们在旅行中增长很多见识一样。看样子，成长真是一件快乐的事情。

希望同学们也能像小甲虫一样，在学习中获得快乐。

四、延伸活动

水彩绘画：

小朋友，小甲虫和他的朋友们生活在美丽的草场，多自由自在呀，现在，咱们就来画一画"小甲虫乐园"，看一看谁画得最美。

五、结束——合影留念。

（本部分撰写者：陈彭凤）

案例二 绘本《我的幸运一天》教学

[**绘本内容**]

《我的幸运一天》的画面充满戏剧效果，随着情节的跌宕起伏，随着翻页的节奏，儿童自然而然地受到绘本魅力的感染与熏陶。除了精心构思的情节，绘本中画面结构的安排、细节的构思、造型的设计都是围绕孩子阅读的感觉来设置的，是连接孩子想象力的重要通道。绘本生动幽默地描述了一只小猪临危不惧，运用自己的智慧从"狐"口脱险的过程。这对儿童在生活中遇到突发事件而能沉着冷静对待起到一个很好的引导作用，同时增强儿童的安全意识，符合教学中"服务于儿童生活"的精神实质。

[**活动目标**]

1.初步理解故事，体验故事情节突然发生转变的趣味性，激发阅读绘本的兴趣。

2.在生活中，知道遇到危险时不害怕，不慌张，开动脑筋，想办法逃脱。

3.能根据故事的部分情节或图书画面的线索，猜想故事情节的发展，或续编、创编故事。

[**活动过程**]

一、猜谜导入，揭示课题

1.课件出示谜语。

师：大耳朵，噘嘴巴，吃起饭来吧嗒吧；细尾巴，胖嘟嘟，吃罢就睡呼

噜噜。他是谁？（出示小猪）

2.课件出示小猪与狐狸的图片，揭示书名：《我的幸运一天》。

你觉得小猪是一种怎样的动物？（可爱的，笨笨的，懒惰的……）

今天，这只你们眼里怎样的（可爱的，胖嘟嘟的）小猪遇上了谁？（出示狐狸）

你觉得狐狸又是一种怎样的动物呢？（看狐狸的表情）（狡猾的）

笨笨的小猪遇上狡猾的狐狸时，又会发生什么样的事情呢？（学生先想象再讲述。）

现在，让我们一起走进这本绘本《我的幸运一天》。（出示标题）

看看故事是不是和你们想象的一样。

二、结合实践，了解"幸运"

1.理解什么是"幸运"，结合生活说说遇到的幸运的事情。

师：什么是"幸运"呢？有时上街去买彩票，结果买的彩票中奖了，那就很幸运，可是幸运的事不是经常会发生的哦！你们遇到过幸运的事情吗？是什么事呢？（学生回答。）

2.猜测"当小猪遇上狐狸，猜一猜会是谁的幸运一天"。

当小猪遇上狐狸，猜一猜会是谁的幸运一天呢？（学生猜测。）

今天到底是谁的幸运一天呢？

我们一起去森林里看看。

三、观看图书，理解故事

1.教师根据图片，导出故事，出示图片。学生猜测狐狸在干什么。理解这是一只什么样的狐狸。

师：有一只小猪想去小兔子家做客，可是他太粗心，竟然找错了房子。他看到森林里有一座房子的时候，就跑去敲门，哎！这只可怜的小猪，竟然敲了狐狸家的门。看！狐狸正在修指甲呢！他修好指甲去干吗呢？我们再来看看，在狐狸的家里还有什么？（出示）这些照片说明了这是一只怎样的狐狸？

2. 出示图片，练习说话：狐狸打开门后，小猪会说些什么？狐狸又会说些什么、做些什么？加上动作，演一演。

师：狐狸打开门，门外站着一只小胖猪。小猪看到来开门的是狐狸的时候，他的表情怎么样？请你们学学害怕的样子。（教师带着儿童一起边做动作边学对话。）狐狸看见一只胖嘟嘟的小猪送上门来，他会怎么想？怎么做呢？（教师讲述这页故事内容。）看到这里，你觉得这是谁的幸运的一天呢？这真是狐狸的幸运的一天。可是结果真的会这样吗？

3. 结合图片，了解小猪的第一个妙招：要狐狸帮他洗澡。通过练习朗读小猪说的话及狐狸干活的句子，体会故事的趣味性。

师：小猪知道挣扎没有用。（教师讲述小猪的话。）小猪的妙招是什么？你们觉得狐狸会答应吗？为什么呢？看，狐狸这是在干什么？狐狸在忙的时候，小猪呢？狐狸为什么要这么做呢？

学生练习读第一个妙招的对话。

4. 了解小猪的第二个妙招：要狐狸喂饱他。通过练习朗读小猪说的话及狐狸干活的句子，再体会故事的趣味性及语言表达的巧妙性。

师：洗完澡的小猪，会幸运地"狐"口脱险吗？小猪又有什么妙招呢？（请学生讨论，教师用绘本中的话小结。）

学生练习读第二个妙招的对话。

喂饱了小猪，狐狸心想这次总能吃掉他了吧。为了让小猪不被狐狸吃掉，小朋友们，快动动你们机灵的小脑袋，帮助小猪"狐"口脱险吧！

四、学以致用，积累语言

如果你是小猪，你能想到什么妙招让狐狸暂时不吃你吗？

1. 出示两次妙招中小猪说的话及写狐狸干活的句子，了解构成故事的语言在结构方面的相似性。

我们先来看看小猪前两次脱险是怎样说的。（出示第一次、第二次小猪说的话，让学生按照格式完成表格填空。）

2. 发挥想象，完成书面填空。

3.学生汇报。

师：同学们，你们实在是太了不起了！老师提议给刚才发言的同学鼓掌。我们现在来看看小猪又想到了什么妙招，咱们接着往下看。

五、了解结局，懂得道理

1.出示图片，了解书中写的小猪想的第三个妙招。

在这些图片中，你有看不明白的地方吗？那我来考考你们：这两张照片说明了什么？你看，连经常做运动、身体强壮的狐狸现在都累得晕倒了，说明这只小猪怎么样？

2.夸夸小猪。

狐狸三次要吃掉小猪，可小猪三次都幸运地躲过了。现在你们来夸夸小猪吧！

3.你觉得最后是谁的幸运一天呢？

读小猪回家的那段话。

4.看图了解小猪回家后干了什么，想象狐狸醒来后会说些什么。

师：看，小猪回到家后做什么呢？桌子上又有些什么东西呢？为什么小猪要准备这些东西呢？

师小结：遇到危险时不害怕，不慌张，开动脑筋，想办法逃脱的道理。

小猪回到家后，狐狸终于醒过来了，他躺在床上会怎么想呢？

可能会想：哎，今天，真是我的倒霉一天，白忙活了一天，送上门来的小猪就让他白白跑了！

六、唱读儿歌，小结故事

同学们，这个故事有趣吗？老师把这个故事改编成了有趣的儿歌让我们伴随着音乐，把故事来读一读。

七、经验延伸，续编故事

小猪拿着蛋糕去给小羊妹妹过生日，路上又遇到了狐狸……

（本部分撰写者：陈彭凤）

案例三 绘本《城里最漂亮的巨人》教学

[绘本内容]

乔治是个巨人，城里最邋遢的巨人。他总是穿着同一双棕黄色的旧凉鞋，同一件打着补丁的旧袍子。然而，乔治却有一顶美丽的金冠，这是他曾经帮助过的动物送给他的礼物。因为他是城里心眼儿最好的巨人，也是城里最快乐的巨人。那么，乔治这样一个邋遢的巨人到底是怎样帮助别人的，他又是如何在帮助别人的同时收获快乐的呢？

[活动目标]

1.在情境中感受阅读绘本的乐趣，有主动阅读的愿望。

2.了解阅读绘本的基本方法：仔细观察，展开想象。

3.推荐同一系列绘本。

[活动过程]

一、创境激趣，游历城堡

1. 借助PPT，介绍新华书店。（PPT系课堂上播放的幻灯片，PPT1表示第一张幻灯片，依次类推。）

（PPT1，PPT2）嗨！亲爱的小朋友，我是鸡蛋花姐姐。

（PPT3）来自孩子们都喜爱的书香城堡。我们城堡里的人都很热爱阅读！瞧——

（PPT4）新华书店书如海！

（PPT5）小小书迷多专注！

（PPT6）相思树下书为伴！

（PPT7）亲子阅读乐融融！

2. 借助PPT，介绍图书馆。

（PPT8）放假了，城堡里的小朋友最爱去图书馆看课外书了。咦，这是什么书，吸引了这么多小朋友？

二、借助封面，初识绘本

1.（PPT9）对，书的名字是——《城里最漂亮的巨人》。

2.（PPT10）瞧，我把这本书的封面和封底同时展开，你发现了什么？（停顿一下）

这双大脚的主人呀，名叫乔治。（PPT11）

他就是城里最漂亮的巨人。

3. 除了主人公乔治，你还发现了什么？（停顿一下）

（PPT12）对，你观察得真仔细！（PPT13）

4.（PPT14）这些有趣的图画呀，它们都是德国的阿克塞尔·舍夫勒画的，他是世界上有名的画家。

（PPT15）书里边还有许多生动的文字，作者是英国的朱莉娅·唐纳森，她为小朋友写了40多本好看的书。

三、图文共读，设疑激趣

1. 小朋友，赶紧跟着鸡蛋花姐姐一起读读这本书吧！我们轻轻地翻开第1页。

（PPT16）师读：乔治是个巨人，城里最邋遢的巨人。

（PPT17）他总是穿着同一双棕黄色的旧凉鞋，同一件打着补丁的旧袍子。

2.小朋友，你们猜一猜，穿着旧凉鞋和旧袍子的乔治，心情怎么样？（停顿一下）

3.是不是这样呢？让我们来听听乔治的心声吧！

（PPT18）（师读："唉，我可不想当城里最邋遢的巨人。"乔治难过地说。）

4.小朋友们，故事精彩吗？你们还想继续读故事吗？想读故事的小朋友，请过"书香河"。

（PPT19）河里有船，谁能喊对口令，就能当船长，开着船过河。仔细听——

（PPT20）（播放录音：乔治总是穿着同一双黑色的旧凉鞋，一件打着补丁的旧袍子。）

（PPT21）小朋友，口令应该是"对对对"，还是"错错错"呢？"错错错"，错在哪儿呢？原来，乔治穿的可是棕黄色的旧凉鞋！

（PPT22）你们观察得真仔细，鸡蛋花姐姐要表扬你们！（PPT23）

5.小朋友，让我们继续读故事。

（PPT24）正当乔治难过的时候，他看见了服装店门口的广告牌，上面写着：新货！巨人尺寸。你们猜猜，乔治会怎么做？（停顿一下）

6.真有意思，你们都是爱想象的孩子！

小朋友，我们阅读时，就得像这样。

（PPT25）自由地展开想象的翅膀，让阅读充满乐趣！

7.好，小朋友，就让我们一边展开想象，一边继续读故事。

师读：乔治走进店里，（PPT26）他买了一件漂亮的衬衫、（PPT27）一条漂亮的裤子、（PPT28）一根漂亮的皮带、（PPT29）一条漂亮的条纹领带、（PPT30）一双菱形花纹的漂亮的袜子、（PPT31）一双乌黑锃亮的漂亮皮鞋。（PPT32）

师说：噢，乔治买了这么多新衣物，他买了一件漂亮的……，一条漂亮的……，一根漂亮的……，一条漂亮的条纹……，一双菱形花纹的漂亮的……，还有一双乌黑锃亮的漂亮……

8.哇！这么多呀！你们都记住了吗？（停顿一下）

（PPT33）请你们帮乔治看看，购物车里少了什么？

（PPT34）哈哈！真的是袜子，谢谢你们的帮助！

9.（PPT35）瞧！经过精心打扮，城里最漂亮的巨人乔治得意地出门了。

故事越来越精彩了。

（PPT36）这不，连急性子的风娃娃都被吸引过来了，他呼呼地翻着书，一下子，就翻到了最后一页。

（PPT37）咦，这不是城里最漂亮的巨人乔治吗？

（PPT38）小朋友们看看，这时的乔治跟刚才有什么不一样呢？（停顿一下）

10.到底是怎么回事呢？（PPT39）

（播放录音：人行道上站着一头长颈鹿，正呼哧呼哧地喘着气。"你怎么啦？"乔治问。"还不是因为我的脖子！"长颈鹿说，"它太长了，太冷了。要是有一条温暖的长围巾，那该有多好！"）

（PPT40）小朋友，请你仔细观察，展开想象，猜猜乔治会对长颈鹿说些什么？（停顿一下）

11.是不是这样呢？我们继续读故事。（PPT41）

（播放录音："别担心！"乔治说着解下了他的条纹领带。"反正这领带跟我的袜子也不相配。"他一面说，一面把领带一圈一圈地围在长颈鹿的脖子上。哈哈，还真是一条不错的围巾呢！"谢谢你！"长颈鹿说。）

（PPT42）（播放录音：乔治一路往家走，嘴里唱道："领带给受冻的长颈鹿做围巾，可是你们瞧瞧我——我还是城里最漂亮的巨人！"）

12.（PPT43）你们看，乔治虽然没有了漂亮的条纹领带，但他的脸上挂着甜甜的微笑，因为帮助别人是一件快乐的事情！

13.小朋友，我们知道乔治把领带送给了长颈鹿做围巾。

那他的衬衫哪儿去了？皮带呢？裤子呢？袜子呢？皮鞋呢？

小朋友们，赶快到书里去寻找谜底吧。

四、阅读故事，升华主题

1.出示阅读要求：遇到不懂的地方，你可以仔细观察图画来帮你理解。

课件播放绘本剩下的内容。

2.填空归纳故事主要内容，重温绘本：

乔治把领带给受冻的长颈鹿做围巾，

他把＿＿＿＿＿＿＿给＿＿＿＿＿＿＿做＿＿＿＿＿＿＿，

他把＿＿＿＿＿＿＿给＿＿＿＿＿＿＿做＿＿＿＿＿＿＿，

他把＿＿＿＿＿＿＿给＿＿＿＿＿＿＿做＿＿＿＿＿＿＿，

他用＿＿＿＿＿＿＿帮＿＿＿＿＿＿＿过了河。

3.现在谁能告诉大家，没有了漂亮服饰的乔治，为什么还是那么快乐呢?

4.总结:

现在谁来说一说:为什么穿着一双棕黄色的旧凉鞋，一件打着补丁的旧袍子的乔治，是城里最漂亮的巨人?

5.同学们，这一节课，我们通过仔细观察，展开想象，感受到阅读绘本的乐趣，也学到了阅读绘本的方法。

五、拓展绘本，促进阅读

1.（PPT44）小朋友，读完绘本《城里最漂亮的巨人》后，我们还可以读一读任溶溶爷爷翻译的"聪明豆绘本系列"的其他绘本，如《小房子变大房子》《女巫扫帚排排坐》《小海螺和大鲸鱼》《咕噜牛小妞妞》和《咕噜牛》。这些书里面都有一个有趣的故事在等着你哦! 在读的时候呀，我们要仔细观察，展开想象，感受阅读的快乐。

2.（PPT45）鸡蛋花姐姐要和大家说再见了，祝大家阅读愉快!

六、板书设计

城里最漂亮的巨人

仔细观察

展开想象

（本部分撰写者:陈彭凤）

案例四　绘本《小房子变大房子》教学

[绘本内容]

《小房子变大房子》属于聪明豆绘本系列之一。这是一套被称为"当代图画书的经典"的读本。故事主要讲了一位小老太太，总觉得自己的家太小。而一个聪明老先生，他让小老太太把动物们一个个牵进屋，让他们在里面飞呀，叫啊，追呀，跳啊，济济一堂。等小老太太受不了的时候，让她把动物们全放了。于是，还是原来的房子，可是小老太太觉得房子大了。房子面积没有变，可是感觉变了。所以，什么是房子的大小？什么是金钱的多少？什么是学习成绩的高低？什么是工作业绩的突出和平凡？什么是漂亮和不漂亮？有很多这样的"什么"，我们和小老太太一样会遇到，可是我们不可能总遇见聪明老先生，所以我们要自己成为自己的聪明老先生，把鸡抱进来，把羊牵进来，把猪推进来，把牛赶进来，让他们济济一堂，混乱一片，然后再把他们放出去，自己恍然大悟，欣喜便至。

[活动目标]

1.阅读绘本，了解故事内容，享受故事带来的快乐和趣味，懂得知足常乐的道理。

2.通过观察画面、想象说话，掌握阅读绘本的方法。

3.借助绘本，培养学生大胆想象和猜测的能力，提高语言表达能力。

[活动过程]

一、课前游戏

同学们，还没上课，我们先来玩个游戏吧!

看看橙色的线哪根长?

看看这两幅图中间的两个圆，哪个大?

同学们真聪明!

真是奇怪，这是什么原因?

答案就藏在今天这节课中。

二、谈话引入，叩击绘本大门

同学们，在前一段时间我们学习了《寓言两则》《惊弓之鸟》《画杨桃》《想别人没想到的》，这些课文告诉我们怎样看问题，怎样思考问题。很多故事会给我们带来思考，今天，老师要和大家一起分享一个有趣的绘本故事，名字叫《小房子变大房子》。(齐读)

1.看封面，介绍作者、译者。

这本书是英国的作者是朱莉娅·唐纳森写的。一位名叫任溶溶的中国老爷爷把它翻译过来的。封面上有一句话是："献给最聪明的孩子。"你们就是老爷爷说的"最聪明的孩子"了。

2.导入。

聪明的同学们，你们还从封面上看到什么? 想到什么?

既然有这么多的问题想知道，那么快快跟着老师一起翻开这个绘本吧。

三、阅读故事，领悟读书方法

1.仔细观察:

同学们看，这是小老太太的家，同学们感觉这间房子怎么样? 面对这么小的房子，小老太太的感觉是怎么样? (同学们仔细观察她的表情、动作。)

2.语言表达:

观察图片，进行句式拓展训练:

我家地方真是小，有_____，有_____

_____，有 _____，有 _____。聪明老先生，请你帮帮我，我家实在挤得慌。

3. 大胆猜测：

聪明的孩子们，请你们帮她出主意，怎样让她的房子变大？

4. 评说主意：

同学们来读读聪明老先生的主意。

出示对话："把你的母鸡抱进屋里。"

5. 想象画面：

小老太太把母鸡抱进房子，会怎样？

（母鸡走上了小地毯，下了个圆圆的大鸡蛋。她还扑棱扑棱到处飞。瓷罐子掉下来，摔成了一堆破烂儿。）

小老太太此刻会怎样？谁再来说一说？（一样的房子，小老太太觉得小得连打个喷嚏也没地方了。）

四、师生共读，培养阅读能力

同学们看，小老太太又来找聪明老先生。请同学们也学学聪明老先生，帮小老太太出出主意？

小房子里多了山羊、猪和奶牛。（板书：山羊、猪和奶牛。）

四人一个小组，进行讨论：每个动物进去以后是怎么捣乱的？小老太太会有什么感觉？

当四个动物和小老太太都挤在一起时，小老太太是如何受不了的？

学生观察图片后，再次进行句式拓展训练：

我家地方真是小，不但有 _____，还有 _____，也有 _____，更有 _____。聪明老先生，请你帮帮我，我家实在挤得慌。

五、自主欣赏，交流阅读收获

聪明老先生到底是怎么把小房子变大房子的呢？同学们自己去书中寻找答案吧。注意：仔细观察，展开想象。

观察图片，进行句式拓展训练：

小老太太先放出了＿＿＿＿＿＿＿＿＿，再放走了＿＿＿＿＿＿＿＿＿，接着放走了＿＿＿＿＿＿＿＿＿＿，最后推出了＿＿＿＿＿＿＿＿＿＿。她觉得她的房子大得不得了。

我们听听聪明老先生对大家说什么。（播放录音）

是的，她没见过比她还更小的房子，所以她不知道自己的房子其实够大的了；感受过更拥挤的，才知道其实自己的空间够大了。

这个故事中蕴含着大智慧。小房子没变大房子，变的是自己的感觉。（板书：感觉）

六、好书推介，拓宽阅读书目

如果同学们想变得更聪明，就要多读书。聪明豆绘本系列一共有六本书，都是献给最聪明的孩子的。聪明老先生给我们推荐了五本书：《咕噜牛小妞妞》《城里最漂亮的巨人》《女巫扫帚排排坐》《小海螺和大鲸鱼》《咕噜牛》。同学们想看其他的绘本吗？那就让我们期待下一次的绘本课吧！

七、活动点评

《小房子变大房子》是一个生动有趣而又富有猜测效果的故事。童趣盎然的说话加上让人忍俊不禁的画面，组成了绘本独特的魅力。这个绘本要传递给孩子们的是什么呢？就是别出心裁的故事情节、生动有趣的画面以及耐人寻味的人生哲理。

教给学生正确的阅读方法。一是发现封面。在阅读前让孩子观察封面，发现作者、译者、主人公——小老太太的衣着、神态、动作等，激发学生的阅读兴趣。二是发现扉页。让学生阅读扉页后猜一猜：聪明老先生是怎样帮助小老太太将小房子变成大房子的。三是发现正文。前半部分的导读很简单，从有意思入手，让孩子自由自在地跟着乐，跟着笑，师生无拘无束地进行角色体验，尽可能让孩子充分感受"鸡飞羊叫猪追牛跳"造成的"混乱一片"。四是发现并未结束的封底。封底很有"看头"，与封面连在一起变成了一幅完整的画，还列出了聪明豆绘本系列的其他五本书。

培养学生正确的阅读习惯。一是对老太太家的观察。学生通过仔细观察，才发现原来书中藏着很多很有趣的情节。二是对特别页面的观察。书中唯一的跨页插图是在最后鸡、羊、猪、牛和小老太太一起挤在那间屋里的画面。在对比中，画面的特点也就凸显出来了。三是对前后变化的观察。前后对比，感知房子的宽敞，体会小老太太心态的变化和聪明老先生主意的"稀奇"。三次句式训练，不仅提高了学生仔细观察绘本的能力，也概括出了绘本的主体内容，明白了房子的面积是没有变的，只是因为人的感觉变了。

为了让学生感知道理，我们遵循"循序渐进，由浅入深"的规律，抓住重复的句子"聪明老先生，请你帮帮忙，我家实在挤得慌！"和三次句式训练，强化学生对小老太太心情的体会"房子面积没有变，可是感觉变了"，再抓住"这主意真稀奇"体会"聪明老先生的聪明"。这种体验的变化应该是最自然的哲理渗透，让孩子在轻松阅读中，感受影响终身的美好情感。

（本部分撰写者：陈彭凤、范锦飘）

案例五 绘本《感谢的味道》教学

[活动目标]

1.尝试运用"感谢……因为……"的句式表达，初步感受绘本语言的意境美。

2.学会感恩，发现生活中的美好事物。

3.创作一本绘本拉拉书。

[活动准备]

教师准备：绘本《感谢的味道》；PPT；音乐《感恩的心》；"拉拉书"介绍视频；黑色卡纸连环画背景；彩色笔；各色颜色的卡纸。

学生准备：彩色笔，用于拉拉书的美术创作。

[活动过程]

一、经验碰撞，引发味道之美

1.教师出示"感谢"，问：同学们，你们认识这两个字吗？

2.生活中什么时候会用到这两个字呢？听到这两个字的时候，你的心情是怎样的？

3.小结：

我和你们一样，每当我听到感谢的时候，它的味道像棒棒糖一样，甜甜的；它的味道还像春天的花一样，香香的。感谢还可能是什么味道的呢？现在，让我们带上好心情，坐上小火车，一起去绘本乐园寻找感谢的味道吧！

4.同学们,看,绘本乐园到了!绘本乐园里藏着许许多多有趣的绘本故事书呢!究竟有没有《感谢的味道》这本书呢?我们一起来喊一喊它的名字,看看它会不会出现。(读书名。)哇,同学们肯定有魔法,一喊,书就自动出来了,很厉害!大家想不想看看这本书?(出示封面:介绍作者及译者。)

5.不过想翻看这本书,得先找到这把钥匙。(出示:"每一天,我都会用心地想一起要感谢的人和事。"引导学生静静地想,想好后举手。)让我们翻开这本书一起欣赏学习吧!

二、阅读绘本,发现感谢之美

板块一:感谢自己的身体。

出示PPT:"感谢我的头发,它让我看起来特别有型。""感谢我的耳朵,它们让我听到"我爱你"这样动听的话。"

预设1:看,这位女生今天梳了马尾辫,真有型!这位男生理了个有型的短发,真帅!这位同学是自然卷,真漂亮!你喜欢自己的头发吗?那你应该怎么说?(请生说)你觉得感谢是什么味道的?(喜欢的味道)

预设1:图上谁对谁说"我爱你"。有人对你说过"我爱你"吗?你的心情怎样?所以你要感谢能接收声音的耳朵。你觉得感谢是什么味道的?(爱的味道)

师:你想感谢身体的哪一部分呢?(出示句示:感谢……它让我……)学生发现身体各部分的作用,练习说话。

小结:我们应该感谢我们身体的每一个部分,因为它们能让我们感受周围一切的美好。

板块二:感谢活动的美好。

出示PPT:这些小朋友在干什么?出示旅行、散步、唱歌、画画的图片。

读这些句子。平时你还会干什么呢?你觉得感谢是什么味道的?

出示学生活动的图片,学生练习说句子。

出示:图片5(吃饭时,感谢饭菜),图片6(睡觉时,感谢被窝),图片7(学习时,感谢书本),图片8(游乐场,感谢游乐设施),你觉得感谢是什么味道的?（快乐、舒服、惬意……）

出示句式：感谢……它让我……

学生发现生活中活动的美好，练习说话。

过渡：孩子们，生活有许多值得感谢的事情，希望大家天天生活愉快。

板块三：感谢环境的美好。

同学们，我们不仅要快乐生活，也要快乐学习。所以，对学校说："感谢学校，能让我学习新东西。""感谢图书馆，那里有数不清的神奇历险。"

出示超市、医院图片。

出示句式：感谢……它让我……

学生练习说话。你觉得感谢是什么味道的?（神奇、满足……）

过渡：我们的生活多姿多彩，我们更应该感谢陪伴自己的人。

板块四：感谢他人的陪伴。

出示PPT8：这幅图上的小朋友在做什么?（在一起玩。）你会和小伙伴在一起玩什么游戏呢? 你的心情怎样? 你觉得感谢是什么味道的? 带着这种感受读一读这句话："感谢我的朋友们，他们让我开怀大笑。"

出示PPT9：有的时候没有小伙伴陪着玩也不要感到孤单。图上的小朋友说："感谢我的小猫、小狗和小鱼，它们让我感到温暖。"

出示PPT10：生活中亲人的陪伴必不可少，因为亲人的第一个拥抱，每个亲吻，都让我们时时会感到安心。

你身边的谁让你感到温暖呢? 你觉得感谢的味道是怎样的?（温暖、开心）

出示句式：感谢我的_____，它们让我感到温暖。

预设1：感谢我的布娃娃、小发卡、小书包，它们让我感到温暖。

预设2：感谢我的爸爸、妈妈、爷爷、奶奶，他们让我感到温暖。

出示句示：感谢_____，因为_____。

学生练习说。

教师小结：我们要感谢身边的一切，因为它们让我们随时感受到温暖。

三、情感升华，感受语言之美

其实这首散文诗还有以下几句，我们一起来读一读感受诗歌带给我们的美好。

配乐，师生合作读。

读完这首诗后，你心里有什么感受？

小结：世界上并不缺少美，而是缺少发现美的眼睛。只要我们常怀感恩之心，用眼睛去寻找，用心灵去感受，你一定能发现更多的美好。

四、创作绘本，展现创作之美

现在，你最想感谢谁呢？请带着你的发现和感受，完成你的图画创作，并在旁边给自己的画作写上一句话吧。

播放音乐《感恩的心》，学生完成创作。

播放视频解说：《什么是拉拉书》。

将学生作品贴在模板上，形成一本拉拉书。

展示拉拉书。

五、课堂小结，赞扬成长之美

同学们，这节课真了不起，不仅能发现身边的美好，品尝了感谢的味道，更能怀着一颗感恩的心，创作了属于我们自己的绘本作品。感谢你们，因为你们让老师感受到什么叫成长！

六、爱心板书，展现感恩之美

感谢的味道

温暖、开心、快乐
满足、神奇、舒服
……

（本部分撰写者：陈彭凤）

案例六 绘本《米莉的帽子变变变》教学

[活动目标]

通过绘本《米莉的帽子变变变》，培养学生的想象力和口头表达能力。

[活动过程]

一、从封面切入，激发兴趣

师：今天我们要读一个具有魔力的故事。这是绘本的封面，你们在封面上都看到了什么？

生：我看到有一个小女孩儿，很高兴地走着。

师：她就是米莉。还有呢？

生：我发现米莉头上的帽子很大，很奇怪，不像我们平常戴的帽子。上面有房子、小树、小鸟，好像什么都有。

师：是的，米莉的帽子好奇怪呀！你想看一看吗？我们要念魔法咒语它才会变。谁来念一念？注意力要集中。（学生念课题。）

师：哇，真的变了，米莉的帽子变成了……

生：变成了大楼。

师：你想提什么问题？

生：米莉的帽子为什么会变化？

生：米莉的帽子还能变什么呢？

二、讲述故事，启发想象

1.买帽子

师：米莉的帽子还能变成什么呢？下面，听老师讲故事。

米莉放学了！回家的路上，她经过一家卖帽子的商店。橱窗里有许多帽子，她最喜欢的就是这顶插着羽毛的帽子。

师：米莉最喜欢的帽子在哪里呀？指出来，我们看一看。

师：是的，就是这顶。

米莉走进了帽子店。"我可以看看那顶插着彩色羽毛的帽子吗？"她问站在柜台后面的店员。"没问题。"店员很有礼貌地尊称她为"女士"，并且从橱窗里拿出那顶帽子。米莉试着戴上看了看，觉得这顶帽子很适合自己。她说："我要买这一顶。""真是聪明的选择，女士。"店员说，"它的价格是599英镑99便士。"

米莉打开钱包，看了看，又问店员："有便宜一点的帽子吗？""女士，你觉得多少钱比较合适呢？"店员亲切地问她。

"嗯……我的钱包里只有这些。"米莉一边说，一边把钱包拿给店员看，里面是空的。

师：如果你没带钱就去商店里买东西，店员会怎么做？

生：店员会和我说，让我把钱带来，他才把东西卖给我。

生：店员会以为我来捣乱，会大声训我。

师：那我们来看看，书中的店员是怎么做的。

"哦！我知道了……"店员嘟哝了几句，并抬头注视着天花板。米莉也看着天花板，那是很有趣的一种图案。

师：（出示书中的天花板）这天花板上的图案有趣在哪儿呢？

生：天花板上都是帽子的图案。

生：天花板上有好多好多的帽子，数也数不清。

师：看来，这家帽子店装饰得很别致。

"啊哈！"店员突然说，"我想到了，有一顶帽子很适合你，请你等一下。"店员走进商店后面。几分钟后，他回来了，手上拿着一个盒子。他把盒子放在桌子上，并且打开盒盖。"女士，这是一顶非常神奇的帽子。"店员说，"它可以变成你想要的各种尺寸、形状或颜色。你唯一要做的就是运用你的想象力。"店员小心翼翼地拿出帽子，并且把它戴在米莉的头上，它真的好适合米莉啊！"谢谢，"米莉说，"我非常喜欢这一顶帽子。"她把手放进钱包，拿出"所有的钱"交给店员。"谢谢。"店员说，"女士，你要不要把帽子放在盒子里？""不要，我想戴着它。"

师：店员说这顶帽子很神奇，究竟它神奇在哪里呢？

生：这顶帽子可以变成米莉想要的各种尺寸、形状或颜色。

师：米莉唯一要做的……

生：运用想象力。

2. 变自己的帽子

师：米莉很开心地戴着新帽子。"我现在必须想象它看起来是哪一种帽子。"她想。也许它像橱窗里那顶有彩色羽毛的帽子。

师：你们看，这是一项怎样的帽子？

生：一顶有蓝色羽毛的帽子。

生：这是一顶蓝色的孔雀帽。

师：她接着想："或是有更多更漂亮羽毛的。"

师：让我们一起来念咒语，让帽子变化，好不好？米莉的……

生：帽子变变变。

师：看，米莉的帽子变成了什么？

生：哇！一顶超大的孔雀帽子。

生：孔雀帽的颜色好多，好美。

生：这顶孔雀帽大得书都画不下了。

师：米莉经过一家蛋糕店，她停下来从窗户看进去。所有的蛋糕看起来好好吃哦！

师：猜猜看，这时，米莉的头顶上出现了一顶什么样的帽子？

生：蛋糕帽子。

师：什么口味？

生：巧克力口味。

师：看来你喜欢吃巧克力。

生：我猜是草莓口味的帽子，因为我喜欢吃草莓。

师：我们一起来看看米莉的帽子吧！

生：哇，好多蛋糕。

师：不止一个哦，米莉把她想吃的所有蛋糕都变成了帽子。

师：米莉经过一家花店，她的帽子上插满了美丽的花朵。

师：米莉到了哪里，看到了什么，帽子就会变成什么。

师：米莉走进公园里，又会戴上一顶什么帽子？你来猜猜看。

生：米莉在大草坪上走，头上会出现一顶草坪帽子。

生：米莉喜欢公园里的小鸟，她头上会出现一顶小鸟帽子。

师：同学们猜得很好，我们来看看。

生：哈哈哈哈，喷泉帽子。

师：米莉看到了公园里的大喷泉，就戴上了喷泉帽子。你还记得米莉的帽子都变成了什么？

生：羽毛帽子。

生：孔雀帽子。

生：蛋糕帽子。

生：鲜花帽子。

生：喷泉帽子。

师：同学们记得很清楚。猜猜看，米莉还会走到哪里？她的帽子还会变成什么？

生：米莉会来到书店，头上戴着书本帽子。

生：米莉会去溜冰，头上戴着溜冰鞋帽子。

师：米莉不断变换着自己的帽子，可开心了。

3. 变别人的帽子

师：米莉突然发现，不只是她戴着特别的帽子。在这个故事里，你还看到了什么样的帽子？说说你最喜欢的帽子。

生：我最喜欢小狗头上的喇叭帽子。

师：说说为什么。

生：我想小狗可能想让自己喊得更响亮一些吧！

师：还有谁想说？

生：我最喜欢沉船帽子。那个小男孩儿在看一本关于沉船的书，他就戴上了沉船帽子。

师：你说得真清楚。

生：我最喜欢那位女士头上的餐具帽子，她肯定马上要去喝下午茶了。

师：同学们的想象力很丰富。现在有两个人的帽子被我悄悄藏起来了，猜猜看，他们戴的是什么帽子？说说理由。

师：这里还有两顶帽子，你们能猜猜它们的主人是谁吗？

师：同学们，你们看，公园里的每个人都戴着神奇的帽子，而且全都不一样哦！在生活中，你最想给谁戴上帽子呢？

生：我想给我的同桌戴上书本的帽子，因为他最喜欢看书了。

生：我想给我家的小狗戴上肉骨头的帽子，因为它最喜欢啃骨头了。

师：谁能送我一顶帽子？

生：我想送给陈老师一顶电风扇帽子，因为现在是夏天，很热，有了电风扇帽子你可以凉快一点儿。

生：我想送给陈老师一顶巧克力帽子，因为你说你很喜欢吃巧克力。

师：谢谢同学们，你们的帽子我都很喜欢。现在我的头上有一顶大拇指帽子，他正在夸你们说得棒呢！

4.改变周围的人

师：米莉看见一个老婆婆，戴着一顶黑色的池塘帽子。米莉对着老婆婆微笑，小鸟和鱼儿飞到老婆婆的帽子上盘旋和跳跃。

师：看来老婆婆的心情不太好。可是现在，你们看看，老婆婆会有怎样的变化呢？

生：老婆婆的帽子不黑了，变干净了。

生：老婆婆扔掉拐杖，跑起来了。

师：老婆婆的帽子变了，说明她的心情变好了。所以我们可别小瞧了自己，咱们小朋友的力量是很强大的，我们可以传递微笑，感动大人，甚至可以改变大人呢！

米莉觉得像唱歌一样开心，她的帽子也唱着歌。米莉回到家了。因为帽子太高，没有办法进门。因此，她又想象出另一种帽子……

生：隐形帽。

生：随时可以变换高低的帽子。

师：对，就是你们讲的帽子。

看见爸爸和妈妈的时候，米莉问："你们喜欢人的帽子吗？""帽子？"妈妈说，"没有看到啊！"突然，妈妈停了一下，微笑着说："哦！真是一顶神奇的帽子，我真希望自己也有这样的帽子呢！"米莉说："你有啊！你只要想象，它就会戴在你的头上。"米莉说对了！每个人都有自己的神奇帽子。

三、总结谈话，交流感受

师：故事讲完了，你最喜欢故事中的哪个人物呢？

生：我最喜欢米莉，因为她有丰富的想象力，能变换出各种各样的帽子。

生：我最喜欢米莉的妈妈，因为妈妈不但没有批评米莉，还和米莉一起想象。

师：同学们，请你们猜一猜，老师最喜欢故事中的哪个人物？

师：我最喜欢故事中的店员，因为是他最先把这顶神奇的帽子戴到米莉的头上。陈老师有个愿望，希望我也能把这顶神奇的帽子戴在每个小朋友的头上，这顶帽子有一个很好听的名字，就是想象力。

四、活动拓展

同学们，米莉的帽子还能变成什么呢？把你想象到的画下来吧。

（本部分撰写者：陈彭凤）

案例七 绘本《好饿的毛毛虫》教学

[**绘本内容**]

月光下，一个小小的卵，躺在树叶上，一个星期天的早晨，暖暖的太阳升起来了。啪——从卵壳里钻出一条又瘦又饿的毛毛虫。他四下寻找着可以吃的东西。

他每天都要吃东西，但他仍然好饿。星期六，他啃穿了一块巧克力蛋糕、一个冰淇淋蛋筒、一条酸黄瓜、一片瑞士奶酪、一截萨拉米香肠、一根棒棒糖、一角樱桃馅饼、一段红肠、一只杯形蛋糕，还有一块甜西瓜。到了晚上，他的肚子好痛！

第二天，是星期天。毛毛虫啃穿了一片可爱的绿树叶，这一回他感觉好多了。他一点儿也不饿了——他也不再是一条小毛虫了。他是一条胖嘟嘟的大毛虫了。他绕着自己的身子，造了一座叫"茧"的小房子。他在那里面待了两个多星期。然后，他就在茧壳上啃出一个洞洞，钻了出来……变成了一只漂亮的蝴蝶！

[**活动目标**]

1.认识了解毛毛虫生长变化成蝴蝶的过程。

2.了解数量词的正确使用。

3.用手指画画，感受毛毛虫变成蝴蝶的艺术美。

[活动准备]

1.教学绘本PPT。

2.毛毛虫变蝴蝶视频。

3.水彩、白纸。

[活动过程]

一、导入

出示毛毛虫，引导学生关注毛毛虫的形态。（直观导入）

老师问：这是什么？（毛毛虫）

二、新授

1.学习绘本内容，了解毛毛虫的变化过程。

①老师：今天老师要给你们讲一个关于毛毛虫的故事，小朋友一起来看看毛毛虫最后变成了什么？为什么发生了变化？

（变成了蝴蝶。毛毛虫吃了好多东西，躲进了小房子里面，破茧后变成了蝴蝶。）

②播放PPT，讲述绘本故事。

用图示小结提问内容，引导学生观察毛毛虫是如何发生变化的。

（毛毛虫从一个小小的蛋里爬出来，然后开始吃了好多好多东西，于是变成了一只又肥又大的毛毛虫，然后造了间小房子［教师出示茧］。引导学生说出它的名字叫"茧"，在里面住了两个多星期，最后毛毛虫咬破了它的房子变成了一只漂亮的蝴蝶。）

2.探索学习5以内数量的对应关系。

①师问：小朋友们，刚刚故事中毛毛虫吃了好多东西，变成了蝴蝶。小朋友们记得毛毛虫吃了哪些东西吗？让我们一起来看看。

②播放PPT并且出示水果卡片，引导学生观察探索数量关系。

星期一吃了一个苹果，星期二吃了两个梨，星期三吃了三个李子，星期四吃了四个草莓，星期五吃了五个橘子。

小结：老师与学生一起点数，总结数量的对应关系。

三、延伸

毛毛虫吃了那么多食物，晚上肚子痛；我们要做健康的宝宝，不能一次吃太多食物，不然的话，我们就会生病哦！初步学习量词。

①师问：毛毛虫星期六吃了什么？（它啃穿了一块巧克力蛋糕、一个冰淇淋蛋筒、一条酸黄瓜、一片瑞士奶酪、一截萨拉米香肠、一根棒棒糖、一角樱桃馅饼、一段红肠、一只杯形蛋糕，还有一块甜西瓜。）

②师问：吃了这么多的东西后，毛毛虫的肚子怎么样了？（好痛。）为什么痛？（吃了太多的东西。）

小结：做一个健康的宝宝，不吃太多的零食。

四、结束

感受毛毛虫变成蝴蝶的艺术美。

①老师：今天老师给小朋友们讲了毛毛虫变成蝴蝶的故事。最后我们一起来学一学漂亮的蝴蝶好不好？

②学习蝴蝶飞舞的手势。

放律动音乐，全班一起表演蝴蝶在森林花丛中飞舞的景象。

朋友们和老师一起"飞舞"着出教室。

（课题组供稿）

案例八　绘本《方格子老虎》教学

[绘本内容]

　　一只老虎宝宝诞生了。老虎宝宝刚出生时是没有斑纹的，必须由爸爸、妈妈帮忙画上黑色条纹。老虎爸爸为了让儿子与众不同，决定给宝宝画上竖条纹，老虎妈妈却不同意。老虎宝宝不想让爸爸、妈妈吵架，给自己画上了方格子。从此，方格子小老虎不但与众不同，还成了明星。可方格子小老虎在路上遇到了一场大暴雨，画的方格子不见了，爸爸、妈妈还会吵架吗？还会像以前那样喜欢它吗？

[活动目标]

1.观察图画细节，理解图书中所表达的内容。

2.通过观察绘本图画，联系上文情节，猜测接下来会发生的事情。

3.由老虎爸爸和老虎妈妈对方格子老虎的态度，体会父母对孩子的爱。

4.发挥想象，为熟悉的动物画上独特的"衣裳"。

[活动准备]

PPT课件。

[活动过程]

一、引导观察，激发兴趣

1.孩子们，今天陈老师给你们带来一个故事，叫《方格子老虎》。看到这本书的名字，你有什么问题要提出来吗？

2.是呀，怎么会有老虎是方格子的呢？你还看到了什么？（奖杯、油桶、刷子）

3.在一个普普通通的老虎家庭里，有一只普普通通的小老虎出生了。

（出示第一幅图，引导观察图片，小老虎躺在妈妈的臂弯里。）

4.你们看看，他们在哪里呀？旁边还有谁呀？

（出示第二幅图）预设：虎妈妈和虎宝宝啊，躺在床上呢，旁边还有老鼠太太和他的宝宝们。

二、观察画面，理解故事内容

（一）方格子的由来：

1.老虎爸爸可高兴了！他兴冲冲地跑出去，买了一罐最好的黑色油漆——原来，小老虎刚出生时，身上没有花纹的，必须由爸爸妈妈帮忙画上黑色的条纹。这只小老虎也不例外哦。

2.我们来看看，虎爸爸和虎妈妈的条纹是怎么样的呀？（黑色、横）

3.虎爸爸要让自己的儿子变得与众不同。他想给虎宝宝画上什么样的条纹呢？

（出示第3幅图，引导学生观察买油漆的图片。）

你是怎么发现的？

（引导学生观察油漆罐子以及对话框。）

4.虎爸爸和虎妈妈在干什么呢？你怎么知道他在吵架啊？他们为什么吵架呢？（横纹、竖纹对话框）

5.这边也有老虎。他们是什么条纹的呀？虎妈妈为什么要画横的呢？

6.虎爸爸和虎妈妈一直在吵架。你们觉得虎宝宝心情怎么样啊？

（引导学生观察虎宝宝以及画面的颜色。）

7.虎爸爸和虎妈妈吵累了，他们就去睡觉了。

他们两个怎么睡的呀？心里还在想什么？

8.你们家爸爸、妈妈吵架吗？为什么吵啊？爸爸、妈妈吵的时候你怎么办呢？

师：小老虎是一个聪明的孩子，他想到了一个好办法。他先替爸爸画上一条竖条纹，再替妈妈画上一条横条纹。瞧，虎宝宝变成了什么样？

9.第二天，爸爸妈妈都很惊讶。你看看虎爸爸和虎妈妈心里怎么想的，又是怎么做的？（高兴、和好）

（二）方格子带来的快乐：

1.虎宝宝既满足了爸爸的期望，又满足了妈妈的愿望。爸爸妈妈都很爱他。在学校里，他的小伙伴们会喜欢他吗？

（会。引导观察游戏。）

2.方格子老虎真的是与众不同的一只小老虎呢。他还获得了儿童象棋比赛的冠军呢。

（三）方格子消失：

1.可是，有一天傍晚，小老虎在散步的时候碰到了一场大雨。

你们猜：可能发生什么事情？

2.当他回家的时候，他身上的竖条纹全都不见了，他看上去和别的老虎一模一样。

3.雨过天晴，在温暖的阳光下，爸爸、妈妈托起了虎宝宝。虽然虎宝宝的方格子没有了，但是在爸爸、妈妈的心中，他还是一只方格子老虎。

4.你觉得他们一家人在一起感觉怎么样呀？

三、想象拓展，给动物穿新衣

孩子们，今天我们认识的小老虎穿着方格子的外衣。其实呀，我们所有的动物都可以穿上不一样的花纹外衣。

请你们发挥想象，给这些动物穿上"新衣服"吧！

（课题组供稿）

案例九　绘本《彩虹色的花》教学

[绘本内容]

《彩虹色的花》是一本风格独特的作品。该绘本讲述的是一个温柔而细腻的故事：一朵彩虹色的花，将自己的花瓣都用来帮助有困难的小动物了，结果自己却被覆盖在白雪下面。可是，他的希望和梦想还在继续，当春天来到时，新的花朵又在阳光下绽放……乐于助人的精神给大家留下了一片温情。整个故事具有很强的教育意义。

[活动目标]

1.借助图文并茂、以图为主的形式，培养学生仔细阅读的习惯，激发阅读兴趣。

2.引导学生感知故事，结合故事情节，感悟彩虹色的花乐于助人的品质。

3.通过画一画，体会这本绘本在色彩上的亮点——花瓣有着不同的颜色，让学生创作出造型、颜色迥异的彩虹色的花，激发学生的想象力和创造力。

[活动准备]

PPT课件、画纸、勾线笔、油画棒（水彩笔）等。

[活动过程]

一、看花

1.春天来了，公园里开满了各式各样的花。你见过什么颜色的花？它们是什么样子的？

2.你见过彩虹色的花吗？教师引导孩子发现彩虹色的花与其他花的不同之处，并想象自己是彩虹色的花会怎么爱惜自己的花瓣。

二、赏花

（一）初见彩虹色的花

1.讲述故事：蚂蚁与彩虹色的花相遇，独一无二的花怎样爱惜自己的花瓣，而彩虹色的花把自己的花瓣送给了蚂蚁。

2.教师提问：小蚂蚁遇到困难了，彩虹色的花拿出了珍贵的花瓣帮助了他，失去了一片花瓣的彩虹色的花变得怎样了？

（预设：不完整，不完美，没有之前漂亮了。）

你觉得这是一朵怎样的花？

（二）彩虹色的花和他的新朋友们

1.观察小蜥蜴前后表情。

嘴抿成直线：不开心/烦恼。

嘴巴翘起来，眼睛眯成一条缝：开心，得意。

请同学上台表演小蜥蜴得到新衣服时神气的样子，加深对人物表情的理解。

2.彩虹色的花行为预测。

教师提问：善良的、乐于助人的彩虹色的花，这次会不会把花瓣送给小蜥蜴呢？

预设：彩虹色的花可能会帮助小蜥蜴。

讲述故事，验证猜想。

3.观察小老鼠前后状态。

豆大的汗珠，张着的嘴巴，大大的太阳：炎热难耐；

稍稍翘起的嘴角，闭目享受：舒适宜人。

请同学上台表演小老鼠扇风时舒适的样子，加深对人物表情的理解。

4.彩虹色的花行为预测：

教师提问：又有小动物遇到困难了，彩虹色的花会怎么做？

预设：彩虹色的花还会帮助小老鼠。

故事讲读，验证猜想。

三、乐于奉献的花

1.彩虹色的花形象串联。

带领学生观察四季变化之后，彩虹色的花健康状态。

花茎弯了下来，叶子也垂了下来：虚弱、无精打采。

2.展开想象。

观察环境（乌云密布）。彩虹色的花会面临什么？

观察季节变化（冬天来临）。彩虹色的花会面临什么？

3.故事高潮。

教师提问：虚弱的花儿危在旦夕，又有小动物向他求助了，彩虹色的花会帮助他吗？

验证猜想。

教师提问：彩虹色的花自顾不暇，却还帮助了小动物。你觉得这是一朵怎样的花？

4.挽留最后的花瓣。

教师提问：彩虹色的花为什么要挽留最后一片花瓣呢？你能不能结合他的性格说一说？

预设：留下最后一片花瓣，帮助其他动物。把他留给别人……

四、品花

彩虹色的花重生了，又会发生什么故事呢？彩虹色的花又会帮助谁解决什么困难呢？

教师带领同学表演。

学生合作表演。

五、画花

1.画出你心中的彩虹花。

2.把画好的彩虹花送给周围的同学。

3.采访送花的同学。

4.师小结：这就是为什么彩虹色的花有这么多朋友的原因。希望彩虹色的种子已经种在你们的心中，日后也能开出彩虹色的花来！

（课题组供稿）

案例十 绘本《蚯蚓的日记》教学

[**绘本内容**]

绘本《蚯蚓的日记》讲述了蚯蚓记录自己每天观察所得的故事，他以日记的方式记录了自己的所观所想，始终抱着一颗乐观的心态。

[**活动目标**]

1. 激发孩子的阅读兴趣，跟孩子一同阅读，图文结合，学会欣赏。

2. 培养学生仔细观察生活，让学生知道日记可以从很多方面去写，做一个生活的有心人。

3. 在课堂中想象写话，为课后制作自己独特的小绘本——《蜘蛛的日记》做下铺垫。

[**活动准备**]

PPT课件、画纸、勾线笔、油画棒（水彩笔）等。

[**活动过程**]

一、谈话导入

1.师：同学们，今天我们要去认识这条特别的朋友。他的名字叫——蚯蚓。说说他的名字吧！

板书：蚯蚓。

2.师：小小的他生活在地球的某个角落里，他没有手没有脚，你想过他是怎样生活的吗？

今天我们要来读一本非常有趣的绘本：《蚯蚓的日记》。

补充板书：蚯蚓的日记。

师：哇，蚯蚓也会写日记。你见过吗？你想知道蚯蚓更多知识吗？那就要好好来读读这本书。读一本书首先要从封面看起，请看大屏幕。

3. 出示封面

（1）师：你都看到了什么？

学生自由回答，教师加以描述。

（蚯蚓用尾巴卷住巨大的铅笔在写日记。瓶盖，蘑菇，酱色的泥土。巨大的叶子便是他的书房。红底黑点的瓢虫想偷看日记。）

（2）师：老师还关注到了上面的一行文字。它告诉我们这本书是美国作家谁写的？（朵琳·克罗宁）是谁画的？（哈利·布里斯）是谁翻译的？（陈宏淑）

二、读第一篇日记：互学本领

师：蚯蚓的日记真的是太有趣了，还记得他的好朋友吗？有一次，他们还互相学本领呢……还是不多说了，让我们看看他的日记吧。

学生看日记。师生合作读。

师：今天蜘蛛教蚯蚓倒立走路。他也写了一篇自己的日记。一开始，你觉得蚯蚓会对蜘蛛说些什么呢？

生（预设）：我很害怕。这太简单了。这可难不倒我。

于是他就一步一步地爬上了大树。突然——蚯蚓被吓得……（看图说话）

出示句子：蚯蚓被吓得……

师：他们俩都互相学对方的本领，可是都学会了吗？

生：没有。

师：这是为什么呢？

生（预设）：因为每个人都有自己的特长。尺有所短，寸有所长。

师：蚯蚓把和好朋友之间发生的事情，也写成了日记。

148

板书：朋友间学本领。

三、读第二篇日记：被老师批评了

师：咦？这蚯蚓小弟还爱吃"回家功课"啊？这事还得从4月15日那天说起。今天我忘记带午餐——

师：蚯蚓的午餐究竟吃什么呢？

学生从图片中寻找答案。

师：其实蚯蚓以土壤中腐烂的生物体为食，进食同时吞下大量土壤、沙及微小的石屑。咱们的蚯蚓小弟饿得实在不行了，就把自己的"回家功课"给吃了。这真是太有意思了。咱们一起来读读吧。

指导朗读：实在是……太……

师：你看，蚯蚓小弟背后站着他的老师，再仔细看看老师的面部表情，她心情如何？

生（预设）：她好生气。她都皱起眉头来了。她似乎要批评蚯蚓了。

师：是啊，结果正如你们说的，蚯蚓小弟被狠狠地批评了。一起读读吧。

教师总结：被老师批评了，蚯蚓小弟就把这件事写成了一篇日记。看来，咱们平时也可以将课堂上发生的事情写进日记里。

板书：校园里、被批评。

四、读第三篇日记：讲礼貌

师：让我们再来看看5月1日发生了什么事？

学生自由读日记。

师：看着那长长的队伍，咱们的蚯蚓小弟在那站了一整天。这一天，他都干什么了？

生：他在向蚂蚁们打招呼问好。

师：为什么他要向每只蚂蚁问好呢？

生：因为爷爷教育他要做一条有礼貌的蚯蚓。

师：是啊，今天一大早，蚯蚓出门遇到正在搬食物的蚂蚁队伍，他就向蚂蚁问好。

出示句子，问：蚯蚓怎样对蚂蚁说呢？

指导用开心、快乐的语气读第一次问好：早安，见到你真高兴。

师：队伍里的蚂蚁很多，可蚯蚓一直站在那儿不停地问好，如果你是那条蚯蚓，你觉得此时的你会怎样向第600只蚂蚁问好呢？

生：很累，非常口渴。

指导学生用筋疲力尽的语气去读这句话：早安，见到你真高兴。

思考：到了第600只蚂蚁的时候，还是如此问候吗？

师：那么多只蚂蚁，蚯蚓小弟终于都打过招呼了，你觉得这是一条怎样的蚯蚓？

生（预设）：勤劳、有礼貌，能坚持不懈，可爱、可笑，笨笨的、傻乎乎的……

师：如果你是那条蚯蚓，面对队伍中的那600多只蚂蚁，你会怎么做？

生（预设）：我会放弃，然后转头离开。/我会大声喊：勤劳的蚂蚁们，大家好！

师：看来咱们的蚯蚓小弟还没想到同学们的好办法，所以他站了一整天，真的是累极了。不过回家后，他把这件事写成了日记，看来平时生活中小小的事也可以写进我们的日记。

板书：生活中讲礼貌。

五、读第四篇日记：嘲笑姐姐

师：蚯蚓还写了关于他自己家里的事情！姐姐喜欢照镜子，蚯蚓小弟嘲笑姐姐臭美，结果被妈妈批评了。

板书：家庭里，姐姐爱臭美。

出示图片，学生自由读。

师问：妈妈为什么不这样想呢？

生（预设）：可能妈妈也是女孩子，她也爱美。/可能妈妈也做过同样的事。/可能妈妈很爱自己的女儿。

师：同学们说得都有可能。其实蚯蚓的头和尾巴是不一样的，咱们仔细观察这幅图，图里藏着什么秘密吗？

师：这叫环带，不是很明显，有环带的那端是蚯蚓的头部。所以图片藏着很多秘密，平时看绘本的时候要多留心观察，慢慢欣赏，也许你会得到更多知识。蜘蛛听了这件事后，回去也写了日记。但还没写完，请同学们帮他补好。

展示学生写得比较好的日记，并一起修改。

制作小绘本。

师：利用两张美术纸，就可以做成一本小小的绘本。配上图画，写上优美的文字，相信你也会是个成功的小作家。

六、总结

师：今天，我们学习了四篇蚯蚓的日记，写了学校里被老师批评，生活中爷爷教他要有礼貌，朋友间互相帮助、互相学本领，家庭里有个爱美的姐姐。

你喜欢这只蚯蚓吗？你喜欢这本书吗？今天的读书会快乐吗？读书就是件快乐的事情，课后，大家再去读读这本书，可以和同学，也可以和爸爸、妈妈、哥哥、姐姐，一起享受读书的快乐！

（课题组供稿）

案例十一　绘本《三只小猪》教学

[绘本内容]

三只小猪是兄弟：大哥"懒懒"盖草屋，二哥"凑合"盖金雀枝窝棚，第三只小猪"聪聪"盖了砖屋。"懒懒"和"凑合"的房子被大灰狼吹倒，他们被大灰狼吃掉了，只有不嫌麻烦的"聪聪"的砖屋没有被大灰狼吹倒，"聪聪"用自己的智慧战胜了大灰狼，还把大灰狼给煮熟吃了。最后"聪聪"辛勤耕作，快乐地生活。

[活动目标]

1.让孩子们理解做事不要图省事，要不怕苦、不怕累，才能把事情做好的道理。

2.遇到困难问题要动脑筋想办法，一定都能解决。

[活动准备]

PPT课件、画纸、勾线笔、油画棒（水彩笔）等。

[活动过程]

一、谈话导入

小朋友们，今天老师带来了几间漂亮的小房子，你们想不想看啊？（出示房子）请小朋友想象一下，它们会是谁的房子呢？（孩子们自由发言。）

孩子们猜得可真多啊，那么它们到底是谁的房子呢？（看图片）原来是三只小猪的。(师生一起说。)想不想知道在这些房子里,三只小猪究竟发生了哪些故事啊?好,现在老师就把这个故事讲给大家听。

二、讲述故事

1. 从前有一只猪妈妈,她老了,贫困潦倒,实在无力继续养自己的三只猪娃。于是猪妈妈送走了孩子们,让他们自己去闯荡世界了。

2. 第一只小猪,懒懒,遇见一个卖稻草的货郎,于是便央求他说:"求你发发善心,给我一些稻草,好让我盖个茅草屋栖身吧。"

卖稻草的货郎可怜懒懒,便把稻草送给他。懒懒三下五除二,搭了一间摇摇晃晃的茅草屋。

碰巧一头大灰狼经过,他推了推茅草屋的门,说:"小猪小猪,让我进去吧。"

分角色朗读:男孩子扮演大灰狼,读大灰狼的话,要读出很温柔、很客气的语气。女孩子扮演三只小猪,读小猪的话。

3. "不,不,说什么我也不让你进来。"

"那我可就要吹气儿啦,把你这屋子吹个稀巴烂。"大灰狼说。

大灰狼鼓起肚子,一口气儿就把稻草全吹飞了。(孩子们,大灰狼要吹气了,引导男孩子学着大灰狼的样子吹气。)大灰狼把小猪懒懒吃掉了。

4. 第二只猪,凑合,也遇见一个货郎,这回是个卖金雀花枝的。凑合便央求他说:"求你发发善心,给我一些金雀花枝,好让我盖个窝棚睡觉吧。"

货郎可怜凑合,便把金雀花枝送给他。凑合七拼八凑,架起了一间颤颤悠悠的窝棚。

碰巧大灰狼又来了,他隔着窗户说:"小猪小猪,让我进去吧。"

"不,不,说什么我也不让你进来。"

"那我可就要吹气儿啦,把你这屋子吹个稀巴烂。"大灰狼说。

大灰狼鼓起肚子,一口气儿就把金雀花枝吹散了。大灰狼把第二只小猪凑合吃掉了。

(1)小朋友们,懒懒和凑合最后都被大灰狼吃掉了吗?

（2）那么第三只小猪又会有什么样的结果呢？引导学生发挥想象，说说自己的想法。

5.第三只小猪，聪聪，同样遇见一个货郎，这回是个卖砖的。聪聪有礼貌地问："能否请你借我一些砖头，等我盖好房子，过上好日子，我再还给你？"

卖砖的二话没说，送给聪聪一些砖头，并留给他一些忠告。于是聪聪用砖头砌起了一间结结实实的房子。

大灰狼很快又来了，他透过窗户说："小猪小猪，让我进去吧。"

"不不，说什么我也不让你进来。"

"那我可就要吹气儿啦，把你这屋子吹个稀巴烂。"大灰狼说。

（组织孩子们同样学着大灰狼的样子吹气。这次，聪聪的房子能顶得住大灰狼这么一吹吗？想象一下结果怎样呢？）

大灰狼鼓起了肚子，吹呀吹，吹呀吹，可房子纹丝不动。

（大灰狼看着房子纹丝不动，他不甘心，又想出了坏主意。）

6.于是大灰狼眼珠一转，想出一个坏主意。他对聪聪说："小猪小猪，我知道哪儿有一片漂亮的萝卜地。"

"哪儿有？"聪聪问。

"在老史家的菜园子里，"大灰狼说，"如果你愿意，我明天早上带你去，咱们一起拔萝卜，烧饭吃。"

"你真是太好了。那么你几点钟来呢？"

"六点整，"大灰狼说。

7.第二天早晨，聪聪五点钟就起了床。他没等大灰狼，而是自己去了老史家的菜园子里拔萝卜。

六点整，大灰狼来到窗户口，他朝里说："小猪你准备好了吗？"

聪聪答道："准备？我都已经去过回来了，我拔了萝卜，做了饭。"

大灰狼十分恼火，他正想破窗而入，想出一个鬼主意。于是大灰狼说："小猪小猪，我知道哪儿的苹果长得又红又大。"

"哪儿的呀?"聪聪问。

"在老麦家的果园里,"大灰狼说,"我明天早上五点来叫你一起去。"

8.第二天早上,聪聪四点钟就起了床。他打算先去老麦家的果园摘苹果,赶在大灰狼露面之前返回家。

可是这次的路途比较远,聪聪爬到树上摘完苹果,准备下来回家时,大灰狼已经来了。

大灰狼假装生气地说:"我一片好心,你却自己先摘了果子。苹果好吃吗?"

"味道好极了。我给你两个,快尝尝。"聪聪使足了力气,把苹果往远处扔去。趁着大灰狼跑向远处捡苹果,聪聪跳下树,跑回了家。

9.另一天,大灰狼又来找聪聪,说:"小猪,今儿下午森林大街有个集市,咱们一起瞧热闹去?"

"行啊,你几点来接我?"聪聪问。

"三点钟,"大灰狼说。

于是聪聪像上两次一样,提前出发。他赶到集市上,买了一只黄油桶。可不巧,在回家的路上,碰见了大灰狼!

聪聪急中生智,钻进了大桶。大桶翻倒了,带着聪聪顺着山坡滚下来,朝着大灰狼来的方向快速地滚过去。大灰狼惊慌失措,哇哇叫,夺路而逃。

(1)大灰狼为了想吃掉聪聪,都想出了哪些坏主意?

(2)聪聪又是怎样战胜大灰狼的呢?

(3)孩子们,故事听到这里,在你的印象中,你认为聪聪是个怎样的小猪呢?)

(4)大灰狼真的逃走了吗?聪聪最后战胜了大灰狼了吗?我们接着看故事。

10.晚上,饥肠辘辘的大灰狼再次来到小猪家,他可怜巴巴地述说着碰上的倒霉事儿。

聪聪得意地说:"是我藏进了大桶里,把你吓得屁滚尿流。我在集市上买了大桶，见你来了，就钻进桶里，从山坡上滚下来。"

大灰狼气得咬牙切齿："我今天就是钻你家的烟囱，也要进你家的门，抓住你，把你吃掉！"

聪聪识破了大灰狼的诡计。他在炉灶上架起一口大锅，盛了满满一锅水，生起旺火。聪聪静静地听着屋顶的动静。就在大灰狼从烟囱滑下来时，聪聪赶紧掀开锅盖，大灰狼一头栽进了滚烫的开水。聪聪立即压上锅盖，把大灰狼放在锅里。

11. 从此以后，小猪在新的家园，辛勤地耕作，快乐地生活。

（1）孩子们，聪聪在遇到困难危险的时候，是怎样做的呢？

（2）三个小猪当中，你最喜欢谁？说说你的理由？

（3）引导孩子把故事升华到一定高度，今后在遇到困难时你该怎样做呢？引导孩子联系自己生活说说。

（4）分角色朗读：男孩子们读大灰狼的话（红色字），女孩们分组分别扮演三只小猪（绿色字）。

三、课堂写绘

1. 布置写绘：

小朋友们，聪聪凭借着自己的智慧和勇气战胜了大灰狼，取得了最终的胜利。如果你是其中的一只小猪，你会选择什么材料来造房子？把你想象中的房子画出来。

教师说清要求：

（1）可以在一张纸上画一幅画，也可以把一张纸平均分成几个小方格子，画两幅、三幅、四幅，甚至更多，发挥想象力，画出小猪今后的生活。

（2）直接用彩笔或油画棒画，不要用铅笔先描。不要怕自己画得不像，只要明白自己画的是什么就行。

好，小朋友们，拿起手中的油画棒和铅笔，开始吧！

2. 教师巡视，发现想象丰富合理、大胆独特的学生。

四、交流展示

1.抽2—3名画得好的学生上台讲述自己的写绘，教师进行点评，及时给予肯定与鼓励。

2.同桌之间互相讲一讲自己的写绘故事。

五、布置作业

我们在生活中，总会遇到各种各样的困难。面对困难，我们应该像故事中的聪聪那样，遇事冷静，动脑筋想办法克服它、战胜它。我相信每个小朋友都会做到的。

课后，可以把这个故事讲给家人或朋友听，也可以把自己的作品讲给他们听，请他们帮你把故事记录在你的写绘作品上。

（课题组供稿）

案例十二　绘本《和甘伯伯去游河》教学

[绘本内容]

甘伯伯有一条木船，他的家就在河边。有一天，甘伯伯撑船去游河。小孩子和小动物们一一要求上船。后来这些乘客忘了遵守秩序，船翻了，大家都掉进水里。但是和气的甘伯伯还邀请这批乘客到他家去喝茶，并且提议过几天大家再来坐一次船。

[活动目标]

1.完整理解整个故事。

2.了解甘伯伯是个友善的、可爱的人，学会表达完整的意思。

3.通过补充式绘画，发挥想象，让学生补充内容，提高动手能力和思维想象能力。

[活动准备]

PPT课件、画纸、勾线笔、油画棒（水彩笔）等。

[活动过程]

一、导入

1.看图谈话。

孩子们，图片里这个人就是甘伯伯。今天天气这么好，那你想去哪儿玩？甘伯伯特别想去游河。

2. 出示绘本封面，了解封面信息。引起对故事内容的兴趣。

今天老师带给你们的绘本故事，就是《和甘伯伯去游河》。从画面中看，你知道了什么？

二、了解故事内容

1. 初步认识故事主角人物。

认识甘伯伯。说说他的衣着，想想他要去干什么。了解甘伯伯有一条船，经常会撑着船去游河。

师：这就是甘伯伯了。他头上戴着……手上提着……脚上穿着……

生：我知道甘伯伯有一条船，他的家就在河边。

师：哇，这间房子是谁的呢……

师：咦，甘伯伯在干什么呢……

2. 看图引入故事，让学生构思，进行合理想象。

师：有一天……

生：（观察环境）

3. 出示"两个小孩"这一幅图，让学生说说他们会说的话，并引出两个小孩"吵着闹着"这一特性，从而引出甘伯伯向他们提的要求。

师：大家想不想去呀？

生：想！

出示图片。

师：这两个小孩跟你们一样也想跟着去，他们会说什么？

指名回答。

师：那么甘伯伯会怎么回答呢？

出示对话，齐读。

4. 出示"鸡"这一幅图，让学生观察图中鸡的动作，引导学生想象鸡会说什么，再引导学生说一说甘伯伯的要求。

（两个小孩上船了，和甘伯伯一起去游河了。）

出示图片，

（他们会说什么？会怎么说？……）

（甘伯伯说……）

5.出示"山羊"图，学生说山羊的动作、语言，想出甘伯伯的要求。

6.练习一问一答的句式。

下面我们来练习一下他们的对话。

分角色对话，3次。

7.练习说话。

（他们都跟着甘伯伯一起去游河，真好玩！一定还有很多动物也想跟着去游河，你认为还有谁呢……）

那我们来看看，都有谁呢？

出示其余动物的图片。

学生说："＿＿＿＿＿＿＿＿＿＿＿？"

甘伯伯说："＿＿＿＿＿＿＿＿＿＿。"

（他们会怎么对话呢？同桌练习一下……）

指名汇报。

8.呈现完整的绘本故事。

嗯，甘伯伯有一条船。有一天，甘伯伯正要去游河……

9.了解故事结尾。

一开始，大家都很高兴，但是刚过了一会儿……大家掉进水里去了。那怎么办呢？……

出示图片。（大家顿时打起精神，跟着甘伯伯走回家。）

出示图片。来到甘伯伯的家里，甘伯伯为大家准备了……（时间过得真快，月亮渐渐地爬上树梢。）

出示最后一幅图。你觉得甘伯伯是怎样的人？

三、延伸故事绘画

通过半命题式绘画，发挥想象：如果甘伯伯的船还有空位，还有谁想和甘伯伯一起去游河？他会怎么做？怎么向甘伯伯请求？请孩子们用画笔画下想象中甘伯伯的下一个乘客。

师：下次还会有谁要和甘伯伯一起去游河呢？他们会说什么？后来还会发生什么有趣的事情？让我们来续写这个故事吧！

（课题组供稿）

案例十三 绘本《小猪变形记》教学

[绘本内容]

小猪总觉得自己不幸福，认为做小猪很无聊。于是，他一会儿装扮成长颈鹿，一会儿装扮成斑马，一会儿装扮成鹦鹉……由此，他遭遇了许多滑稽有趣、荒诞搞笑的事情。但最后，他还是想做一只快乐的小猪。小猪懂得了：做自己，最幸福。为什么呢？快去问小猪吧！

[活动目标]

1.阅读图书，学习初步阅读图书的方法，了解小猪通过改变自己的形态寻找快乐的过程，激发阅读图书的兴趣。

2.通过仔细观察图片，发挥想象，师生共同阅读、分角色读、讨论、表演等方法阅读图书，在阅读中体会故事的精彩。

3.在阅读中懂得：做自己，最幸福。

[活动准备]

小猪等动物图贴。

[活动过程]

一、导入

1.课件出示有关猪的谜语，让学生猜一猜，激发学生学习的兴趣。

今天老师给大家带来了一个动物朋友。他是谁呢？请同学们猜一猜吧！

耳朵大，脚儿小，身体肥胖爱睡觉，浑身上下都有用，粮食增产不可少。（小猪）

出示封面小猪的图片。这是一只怎样的小猪？（胖乎乎，可爱，插上了翅膀。）

2.胖乎乎的小猪多可爱啊！可他却觉得做小猪不快乐，想让自己变样，想知道是怎么回事吗？让我们一起走进《小猪变形记》的故事。

板书：小猪变形记。

二、师生共读绘本

（一）共读封面：

1.出示绘本封面。

同学们，下面我们来进行"找一找"的游戏。谁能从这本书的封面找到更多的信息呢？

从主人公、作者、出版社等方面入手。通过这个游戏，让学生学会读懂封面，从封面读到更多的信息。

2.在学生读完封面的基础上，再出示绘本人物图片，让学生看图片，了解绘本的主要人物。

在这一环节中，让学生适当地猜一猜：小猪的变形与这些动物有什么关系？

通过这样的设计，会让学生更加想要了解绘本故事内容，也充分开发了学生的想象力。

（二）故事的开头：

1.课件出示小猪无聊图。

教师讲故事的开头。

2.出示文字。

让学生扮演无聊的小猪，读一读小猪的话

（三）变长颈鹿：

1.图一：

①师讲：跑到路边，小猪看到长颈鹿在吃树梢上的叶子。

出示插图。

②根据插图内容，让学生想象小猪的心理活动。

猜一猜：他心里会想什么呀？

长颈鹿真神气，那么高的树叶也能够得着！

师：你猜到了小猪的心思。

出示文字：我敢说，做长颈鹿一定很刺激。

谁来读一读？

③师：这时，小猪想到了一个绝妙的好主意！

会是什么呢？

先让学生自己帮小猪想想办法，再出示文中插图。

2.图二：

①师：看！小猪果真踩着高跷出来了。

出示插图：小猪踩着高跷散步。

②小猪啊小猪，踩着高跷散步，心里是什么感觉？

让学生进行角色扮演，可以相应加上动作。

他觉得当长颈鹿很了不起，比当小猪神气多了。

3.图三：

①师：是啊，小猪别提多得意了……路上他遇到了斑马。

出示插图。

他向斑马炫耀："嗨，下面的那位！我是一只了不起的长颈鹿，我可以看到好远的地方。"

谁学小猪炫耀一下？

指名读。

现在，老师就是斑马，大家都是得意的小猪，一起跟我炫耀一下。

②师：哈哈哈，你不是长颈鹿！你只是一只踩着高跷摇摇晃晃的小猪，你最好小心点儿。

164

③师：听斑马这么说，小猪气呼呼地走开了，但是没走多远，"砰"……猜！发生了什么事？

4.图四：

①生猜。

②出示课件：小猪摔跤图。

是啊，小猪四脚朝天，重重地摔在地上，疼得大叫。

③师：看来做长颈鹿不适合小猪，还没走出两步，他又想到了一个好主意。猜猜是什么？

（四）变斑马：

1.图一：

出示图片。

师：真聪明，一下子就猜对了！看小猪是怎么变斑马的？让学生自己编一编图片内容，用文字的形式表达出来。

小猪回到家里，找来油漆和刷子，给自己刷了一件斑马外套，又出去炫耀了。

在之前插图与文字相结合了解故事的过程中，学生还是没有完全脱离绘本内容，依赖绘本上的文字，所以这个环节让学生根据图片自己编写文字，可以锻炼学生的口头表达能力。

2.图二：

①出示插图。

师：在池塘边，他遇到了大象，想一想：他会怎样对大象炫耀？大象又会说什么呢？

出示提示，指名说。

小猪得意地说："嗨，我是＿＿＿＿＿＿＿＿＿＿＿＿＿＿＿。"大象不以为意地回答："＿＿＿＿＿＿＿＿＿＿＿＿＿＿＿。"

②出示旁白。

男女生分角色读。并让学生加上动作边读边演。

3.图三：

①出示插图。

师：猜猜，接下来发生什么事了呢？瞧！大象用长长的鼻子朝小猪身上喷水，哗啦，小猪身上的斑马纹就被冲掉了。

②师：他叹了口气："当斑马还不如当小猪呢！"小猪还想当斑马吗？

③是呀，斑马纹虽然非常好看，可并不是小猪自己的呀！

④这调皮的小猪呀，还没等身上的水全干，他又想到了一个好主意。你们猜是什么主意？变大象。

（五）变大象：

1.图一：

①小猪怎么变成大象呢？

同桌讨论，帮小猪想想办法。

②交流。

2.图二：

①师：小猪和小朋友们一样聪明，他也想到了办法。扮成大象的小猪，又急着出门让大家瞧一瞧了。这回他遇到了蹦蹦跳跳的袋鼠。

出示小猪遇见袋鼠图。

②师：谁来做小猪，跟袋鼠打招呼？谁来做袋鼠？

指名分角色读。

3.图三：

师：小猪正想争辩，突然……

出示插图。怎么了？

指名说。

哈，小猪打了个大喷嚏。把塑料管鼻子喷飞啦！

哎，小猪啊，大象没扮成，还闹出了笑话。

4.想一想：如果此刻你是小猪，你心里会想些什么呢？

（六）变袋鼠：

1.图一：

小猪再也不想当大象了，他又想到了一个好主意。

他怎么才能像袋鼠那样蹦蹦跳跳呢？

点名说，出示插图。

2.图二：

出示插图。

师：绑上了弹簧的小猪，更兴奋了。他踩着弹簧，一蹦一跳地出了门。

小猪哪去了？他碰到谁了？

他对鹦鹉说："嗨，我是一只了不起的袋鼠，我能跳得跟房子一样高。"

出示文字，指名做动作读。

3.图三：

小猪跳啊跳，结果……

出示插图。

小猪倒挂在树上，他想：要是我会飞该多好啊！

（七）变鹦鹉：

1.图一：

① 怎么才能变鹦鹉呢？你有好办法吗？

指名交流。

②出示插图。

小猪也很聪明，真把自己弄成了鹦鹉的样子。

2.图二：

①出示图片。

小猪拍着翅膀来到树上，遇到了一只猴子。

小猪对猴子说："我是一只了不起的鹦鹉！你的眼睛能看多远，我就能飞多远。"

指名做动作读。

②师：猴子可不信："你不是鹦鹉！你是一只披着羽毛的小猪，猪不

会飞！"

小猪一听，气得使劲地扇动着翅膀："飞呀，飞呀！"

小猪飞起来了吗？

生猜。

3.图三：

①出示图片。

没错，小猪根本不会飞。"啪！"他就像一块大石头，跌进了树下的泥潭里！身上的羽毛被泥潭的泥巴弄得脏兮兮的。他伤心极了："真倒霉！事情都搞砸了，当小猪一点儿乐趣都没有！"

②这时，他听到一个声音："你说什么，当猪怎么没有乐趣了？我就是猪，我在泥潭里面打滚，觉得很好玩儿啊。你快试试吧！"

4.图四：

①出示图片。

于是小猪也跟着滚来滚去……

滚呀，滚呀，滚得越多，身上就越脏，身上越脏，他心里就越快乐。

小猪终于找到了属于自己的快乐，他高兴地大叫：原来当小猪是最快乐的事情呀！

5.图五：

师总结：小猪到处寻找快乐，他变成长颈鹿、斑马、大象、袋鼠、鹦鹉，都没有找到快乐，最后在另一只猪的帮助下，发现做自己是最快乐的。

板书：做自己，最快乐。

让我们大声读出这个道理。

课件出示：做自己，最快乐。

（八）拓展延伸。

1.角色扮演：让学生扮演小猪、长颈鹿、斑马、大象、袋鼠、鹦鹉，演一演绘本内容，并结合绘本内容，出示生活中的事例，让学生谈一谈看法以及做法，进一步体会：做自己，最快乐！

2.推荐：向学生推荐聪明豆绘本作品，让学生在课后继续走进绘本，了解绘本，喜爱阅读。

四、课后作业

1.回家把故事讲给父母听。

2.阅读绘本作品。

（课题组供稿）

第七章

结　语

当前，很多学校在指导低年级学生阅读绘本方面，氛围不浓，缺少有效的指导，特别是教学策略的缺失，使绘本阅读零散化、无序化、无效化。我们希望构建"悦图乐园"，形成有效的绘本阅读指导策略，提高绘本阅读的有效性。

构建"悦图乐园"，即在教室内及家庭中构建一个良好的阅读环境，激发儿童阅读绘本的兴趣，使教室和家庭成为儿童绘本阅读的乐园。

我们的研究，经历了四个阶段：

第一，困惑与思考阶段（2016年9月—2017年1月）。

针对低年级绘本阅读缺少有效指导的现状，分析问题根源，搜集相关研究成果，初步提出构建"悦图乐园"，推进绘本阅读有效指导的设想。

第二，调查与分析阶段（2017年2月—2017年8月）。

编制了调查问卷，在本市内10所学校一二年级的老师中选择了50人作为调查样本，从绘本阅读的指导的路径、绘本阅读的教学两个方面了解在绘本阅读指导的实际情况及存在的问题，并根据调查结果分析制约学生绘本阅读的主要因素，确定课题研究方向、途径与目标，撰写调查分析报告。

第三，实践与研究阶段（2017年9月—2019年6月）。

组建了以陈彭凤老师为组长、语文教学骨干教师为主体的课题组，把低年级语文老师全部纳入研究的队伍。邀请了特级教师赵志祥、李祖文来我校进行绘本阅读的教学，邀请了市教研员黄小颂以及市名师工作室主持人李敏君、彭才华等来校指导。定期集中学习与个人自学相结合。将绘本教学的困难点、关键点整理、归纳为7道思考题，课题组老师各从中选取一题作为自己的子课题进行研究。课题组教师共同构建了一种相互促进学习的"合作性同事"关系，以"授课、反思"为活动中心，通过"教研课题—集体备课—教学设计—课堂教学观摩—说课—反思—集体评课"的研究活动，及时发现和分析实验过程中出现的各种问题，探索和实施基于"悦图乐园"的绘本教学模式与策略。

第四，成熟与普及阶段（2019年7月—2021年6月）。

整理课题材料，总结研究成果，出版了两部著作，在学校公众号的阅读平台《朗读者》《名师伴读》栏目推出阅读指导专栏，组建"向日葵故事会"并且每周推广一本绘本，在校内形成"悦图乐园"的氛围，推广绘本阅读。在专家指导下规范、提升、定型基于"悦图乐园"的绘本阅读教学模式，形成有效的教学策略。通过开展跟岗培训、提供实验课例、举办专题讲座、走进一线课堂等方式，有计划地在全校及东莞市各镇区铺开实验，向全市推广研究成果。

经历以上四个阶段，我们的研究在以下五个方面不断深入：

第一，构建"悦图乐园"，营造良好的绘本阅读教学氛围。

学校创设了良好的绘本阅读环境，开展"走进绘本"活动。利用楼道墙面的公众优势，将绘本的不同类型、经典绘本封面插图制作成主题为"绘本向我们走来"的图片画面，让学生在一楼楼道间就能感受绘本就在我们身边。利用教室图书角创设了书香阅读区，定期更换绘本，便于学生在学校随时阅读自己喜欢的绘本书。每班设置的绘本阅读区，供学生自主阅读，学校投放大量的绘本系列丛书，如《大卫不可以》系列绘本读书，每班每周阅读一次。我们还鼓励亲子阅读，利用双休日和节假日布置给孩子和父母一起读喜欢的绘本书。我们坚信绘本阅读一定能走进孩子、教师、家长的学习、生活和心灵，坚信阅读能美丽人生。

我们还借助图书室和开放书吧，提供图书让孩子定期阅读和在游戏时自由阅读，通过不定期更换绘本更新书目，丰富幼儿的阅读内容。推荐墙上则选择经典绘本导读，如《猜猜我有多爱你》《我妈妈》《母鸡萝丝去散步》等，定期向家长、老师推荐关于绘本的学习资料。学校教学楼楼道里的墙面上都有学生绘本读写作品，每天下课总能看到三五成群在一起阅读，孩子专注的神情和轻言细语总会让我们感动。浓浓的绘本阅读风让孩子感受到书的存在，感受书的趣味，感知书的意义。

第二，构建基于"读—讲—写"的绘本群体阅读和"读—讲—写"的绘本教学模式。

绘本群体阅读主要有四种形式：课堂共读、家庭亲子阅读、同伴共读（向日葵故事会）、在线推广。这四种阅读方式互相补充，互相促进。群体阅读循环圈的建设，是本课题研究的一个核心项目。在这里，读是为讲和写打基础的，所以我们通过这样一种群体阅读模式，使"读—讲—写"三位一体，最终为写话教学服务。

图1 "读—讲—写"的绘本群体阅读模式

我们还构建了"读—讲—写"绘本教学模式。指导学生阅读是从选书开始的，选书是阅读的基础，没有选书，也就无阅读可言。当孩子有书可选之后，接下来教师的导读是帮助孩子提升阅读效率的重点。在老师的指导下，通过教师的循循善诱，传授学生阅读的方法，使学生读得更深入，提高了阅读的兴趣。在这三个环节中，阅读成为关键的环节，除保证充分的阅读时间外，还需要有一个能让人专心而不被打扰的场所。因此，我们有必要给孩子提供一个适宜的阅读环境，让他们有固定的阅读时间，并能心无旁骛地阅读。这里的阅读方式，包括自己独立阅读，也包括大人读给孩子听。在阅读过程中，回应是阅读活动中非常重要的一环，这个环节是最容易被人忽视的。任何人在阅读后都会有反应的，这个反应可以是交流、讨论的方式，鼓励孩子对所阅读的书表达自己的感受和看法。教师要注意让学生把自己的收获写下来，或者画下来，从而提升学生的语文素养。

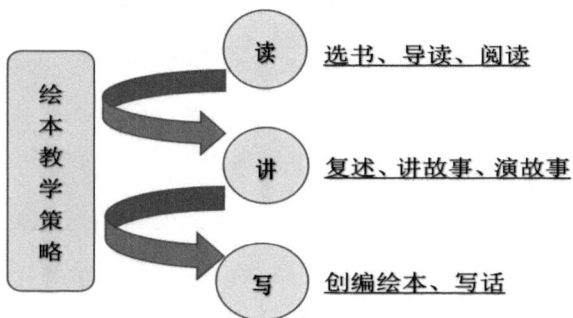

图2　"读—讲—写"的绘本教学模式

第三，举办"向日葵故事会"，推进绘本"读—讲—写"教学。

我们组建了"向日葵故事会"，每星期都举办活动，带领学生读绘本故事。活动前，我们都会举行抢票活动，由于活动过于热门，票往往都是秒光。开展"向日葵故事会"的宗旨是让孩子喜欢阅读绘本，养成良好的阅读习惯，教师如何引导是关键，因此我们要求课题组成员在让孩子阅读绘本前，教师要先读懂绘本，在教学前要精细阅读，挖掘绘本的教育内涵，对绘本中心主题的确立、教学方法的选择、册页提问的点击、独特风格的赏阅等方面进行重点思考，同时作为活动评价的重要指标之一，对每期"向日葵故事会"的绘本实践活动，我们要求备详细教案，求"深"。在引导学生阅读绘本的基础上，我们还会激发学生表达的欲望，引导学生"讲绘本"，进行语言表达的训练，比如讲绘本中的人物，猜绘本接下来会发生什么故事，续编绘本，等等。在讲的基础上，再进行写话的训练，让学生学有所得，提高学生的写话能力。对课题研讨活动，我们要求"精"，能作为公开活动的备选案例，能随时参与各级各类活动方案设计的评比。故事会至今已经开展了30多期的活动，深受学生和家长的欢迎。

第四，利用学校公众号平台，推广绘本阅读。

学校公众号平台，开设了许多栏目，其中有个栏目叫"名师伴读"。课题组积极把握绘本阅读推广力度，利用这个栏目平台，向全校师生及家长推广绘本阅读，例如，课题主持人陈彭凤在"名师伴读"栏目中向全校师生及家长推广绘本《外婆变成了老娃娃》《米莉的帽子变变变》等。课题组成员陈素文老师推广绘本《彩虹色的花》，李素梅老师推广绘本《大脚丫跳芭蕾》等。这些举措，让学生在校看绘本的同时，还能在家通过手机等多媒体听绘本，这不仅激发了学生的阅读兴趣，还让阅读真正融入了学生的生活，使学生感受到阅读无处不在。

第五，以活动为载体，提高绘本"读—讲—写"教学的实效。

通过开展形式多样的读书活动，激励学生积极阅读，进一步提高学生的阅读兴趣、阅读能力和写话能力。利用校园网、学校公众号、校报、红领巾广播站、班上的展示栏等平台展示学生的绘本创作、读书笔记、读书记录卡，进行共同分享、交流、学习。

充分利用寒、暑假时间，举办全校性"读一本好书"活动，并积极参加省级征文评选活动；学校每年都会举办读书节活动，为期一个月，我们举办"儿童绘本创作""绘本封面创作""绘本写话征文"比赛，在班级展评的基础上，择优参与年级组角逐，并且上送东莞市图书馆参加市级的评审；课外阅读测评活动每学期举行一次，测评的内容是根据学生的年龄特点和认知水平，每个学期向各年级学生推荐的课外书目。

我们的研究成果，具体表现在以下6个方面：

1.公开出版专著《我的悦图乐园》，对绘本阅读有效指导策略进行了系统的构建。编撰了《"悦图乐园"校本课程》《绘本阅读论文及教学设计集》等。

2.学校师生多次获得相关奖项。2019年，我校被评为"广东省书香校园"；2020年，我校在东莞图书馆举办的"我最喜爱的童书"东莞地区阅读推广活动中被评为"阅读推广贡献单位"。2019年世界读书日粤港澳创作比赛，学生32人次参加，作品荣获广东省一、二、三等奖，陈彭凤老师被评为"优秀指导奖"；陈彭凤老师带了三届南城儿童故事大王比赛，学生喜获佳绩；在东莞图书馆第二届"我的中国节"绘本创作大赛中，学生创作原创绘本44

本，其中3人获奖。

表1 学生获奖明细

序 号	姓 名	作品名称	获奖或发表情况	颁发部门/刊号	时 间
1	王云薇	《蝴蝶的日记》	2019年世界读书日粤港澳创作比赛一等奖	广东省文化和旅游厅、广东省立中山图书馆	2019.4.23
2	钟明翰	《世界酷车大百科》	2019年世界读书日粤港澳创作比赛二等奖	广东省文化和旅游厅、广东省立中山图书馆	2019.4.23
3	滑安妮	《一只想飞的猫》	2019年世界读书日粤港澳创作比赛三等奖	广东省文化和旅游厅、广东省立中山图书馆	2019.4.23
4	高欣悦	《门神的故事》	2019年南城儿童故事大王比赛二等奖	东莞图书馆南城分馆	2019.5
5	张宇琳	《我的春节》	第二届绘本创作大赛三等奖	东莞图书馆	2021.4
6	周欣钿	《不一样的年味》	第二届绘本创作大赛一等奖	东莞图书馆	2021.4
7	方一朵	《我眼中的中国节》	第二届绘本创作大赛优秀奖	东莞图书馆	2021.4
8	翟绍钧	《花好月圆》	第二届绘本创作大赛优秀奖	东莞图书馆	2021.4
9	崔秀珍	《给爸爸的一封信》	2021年世界读书日粤港澳创作比赛二等奖	广东省文化和旅游厅	2021.4

序号	姓 名	作品名称	获奖或发表情况	颁发部门/刊号	时 间
10	刘子墨	《独臂英雄——丁晓兵》	2021年南城儿童故事大王比赛三等奖	东莞图书馆南城分馆	2021.5
11	王云薇	《可园博物馆游记》	发表于《孩子》2021年第3期，荣获"小作家"称号	《孩子》编辑部CN44-1515\Z	2021.3
12	彭泫瑜	《客家美食——酿豆腐》	发表于《孩子》杂志公众号"孩子A"上	《孩子》编辑部CN44-1515\Z	2021.4
13	404班	阅读明星班	2019年"我最喜爱的童书"阅读推广活动	东莞图书馆	2019.12
14	翟乐恒	阅读幸运奖	2019年"我最喜爱的童书"阅读推广活动	东莞图书馆	2019.12
15	王云薇	《神奇的种子》	东莞市原创绘本大赛二等奖	东莞图书馆	2022.6

序号	姓　名	作品名称	获奖或发表情况	颁发部门/刊号	时　间
16	闫恕涵	《猫和老鼠》	东莞市原创绘本大赛二等奖	东莞图书馆	2022.6

表2　教师相关论文和设计获奖或发表明细

序号	姓　名	作品名称	获奖或发表情况	颁发部门/刊号	时　间
1	陈彭凤	录像课《生命 生命》	市二等奖	东莞市教育局教研室	2016.6
2	陈彭凤	被评为东莞市第二批语文教学能手	个人荣誉	东莞市教育局	2016.9
3	陈彭凤	优课《开开心心上学去（第一课时）》	市一等奖	东莞市教育局教研室	2018.12
4	陈彭凤	2019年世界读书日粤港澳创作比赛	优秀指导奖	广东省文化和旅游厅、广东省中山图书馆	2019.4
5	陈彭凤	《语境中的语用 语用中的表达》	《语文教学与研究》	CN42-1016/G4	2019.5
6	陈彭凤	《统编教材一年级"和大人一起读"教学策略探寻》	省三等奖	广东省小语会	2019.8
7	陈彭凤	被评为市级阅读推广人	个人荣誉	东莞图书馆	2019.12
8	陈彭凤	论文《统编教材一年级"和大人一起读"教学策略探究》	《广东教学报》	CN44-0702\F	2020.2

序号	姓 名	作品名称	获奖或发表情况	颁发部门/刊号	时 间
9	陈彭凤	2019年儿童故事大王比赛	优秀指导奖	东莞图书馆南城分馆	2019.05
10	陈彭凤	论文《从"快乐读书吧"到"绘本阅读吧"》	省三等奖	广东教育学会	2020.12
11	陈彭凤	2021年儿童故事大王比赛	优秀指导奖	东莞图书馆南城分馆	2021.5
12	陈彭凤	《遵循儿童身心特点,培养班级自我管理能力》	《家庭教育报之教师论坛》	CN23-0026	2022.12
13	陈彭凤	《PBL理念下的微项目化作业设计》	《小学语文教学》	ISSN1004-6720	2023.3
14	陈彭凤	《以书为"媒",涵养至善少年》	《教师周刊》	CN41-0100/ISSN2710-365X	2023.5
15	范锦飘	构建阅读的"校内磁场",推进课外阅读课程化	《小学语文教学》	CN14-1016/G4	2018.5
16	范锦飘	基于微信平台的亲子阅读指导策略	《小学语文教学》	CN14-1016/G4	2018.5
17	范锦飘	课外阅读课,让学生爱上阅读	《小学语文教学》	CN14-1016/G4	2018.5
18	范锦飘	指向阅读能力检测的考查题编制策略	《小学语文教学》	CN14-1016/G4	2018.5
19	范锦飘	从统编本一年级教材的课后练习观照四个意识	《小学语文教学》	CN14-1016/G4	2017.9
20	范锦飘	基于PISA视角观照阅读目标要求	《小学教学设计》	CN14-1240/G4	2016.12

序号	姓 名	作品名称	获奖或发表情况	颁发部门/刊号	时 间
21	范锦飘	优课《快乐读书吧》	市二等奖	东莞市教育局	2020.7
22	范锦飘	教学设计《搭好学习小小说的脚手架》	省三等奖	广东教育学会	2017.8
23	李蕾	论文《小学语文课内阅读教学的方法探讨》	《教育》	CN14-1331\G4	2020.9
24	李蕾	论文《浅析小学语文识字教学与信息技术的深度融合措施》	《语文课内外》	ZW-202111-45	2021.10
25	杜燕婷	课件《纸船和风筝》	市三等奖	东莞市教育局	2019.10
26	杜燕婷	课件《大象的耳朵》	市一等奖	东莞市教育局	2019.10
27	杜燕婷	课例《大象的耳朵》	市三等奖	东莞市教育局	2019.10

3. 开展了36期"悦心"向日葵故事会活动。参与人数达1000人次。学生通过参与这些绘本故事会，开阔了视野，增强了生活情境体验，更在故事会中，习得了阅读方法，规范了自己的言行。

4. 完成了班级及年级三个绘本创作主题："春的故事""植物生长记""我们的中国节"。孩子们用童真的语言、有趣的绘画，描绘了他们对世界的认识，表达了他们对自然、社会及生活的热爱。

5. 创建了多元"悦读"分享平台。让教室的每一面墙都"说话"——把孩子们工整规范的作业、色彩活泼的画和有着大大笑容的照片挂在墙上。最初的学习来源于模仿。渐渐地，孩子们学会了整理桌面，学会了整齐地摆放文具等物品，学会了安慰难过的好朋友，学会了勇敢承认自己的错误并想办法补救改正……

6.梳理了班级特色"悦图"德育绘本专题。近年来，在班级的这块悦读乐园上，梳理出"人与自然""人与社会""人与自我"三个系列专题。学生在绘本的熏陶之下，已由刚入学时的懵懂儿童成为知书达理的儒雅少年，班级几乎月月被评为学校的文明班级，而我也被评为区优秀班主任。

研究创新上，集中表现为构建"悦图乐园"绘本阅读模式；成果推广上，除了举办"向日葵故事会"，主持人重点策划了七项活动：

1.2018年11月，在大岭山向东小学执教《我的幸运一天》绘本。

2.2019年5月31日，在阳光四小微信公众平台《名师伴读》栏目第三期，推广绘本《外婆变成了老娃娃》。

3.2019年11月29日，在阳光四小微信公众平台《名师伴读》栏目第十五期，推广绘本《米莉的帽子变变变》。

4.2020年7月，在东莞图书馆道滘分馆执教《小甲虫的旅行》绘本。

5.2020年11月，在横沥中心小学执教《我的幸运一天》绘本。

6.2020年12月，在东莞图书馆道滘分馆执教《城里最漂亮的巨人》绘本。

7.2021年1月，在东莞市图书馆执教《团圆》绘本。

如何进一步深化绘本阅读研究？我们认为，可以从以下四个方面着手：

第一，定期开展家长学校培训，加强亲子阅读指导，教会家长指导孩子进行绘本阅读的方法，让更多的家庭参与绘本阅读。

第二，学校实践这方面，增加班级图书角和学校阅览室中绘本的数量，让学生有更多的机会对绘本进行自主阅读。

第三，教学课时上要有保障，争取在课表上明确绘本阅读课。

第四，带领学校低年级教师，继续加强绘本教学理论方向的研究。争取将成熟的绘本课例输送到周边学校或图书馆，让更多的孩子受益。